伴孩子成长的醇美心灵鸡汤丛书

孩子不听话，老是控制不住情绪怎么办

孙向荣 主编

H.P.H 哈尔滨出版社

图书在版编目（CIP）数据

孩子不听话，老是控制不住情绪怎么办 / 孙向荣主编. -- 哈尔滨 : 哈尔滨出版社，2021. 2

（伴孩子成长的醇美心灵鸡汤丛书）

ISBN 978-7-5484-5771-8

Ⅰ. ①孩… Ⅱ. ①孙… Ⅲ. ①少年儿童-家庭教育 Ⅳ. ①G782

中国版本图书馆 CIP 数据核字（2020）第 246257 号

书　　名：孩子不听话，老是控制不住情绪怎么办
HAIZI BU TINGHUA，LAO · SHI KONGZHI BU ZHU QINGXU ZEN · MEBAN

作　　者：孙向荣　主编
责任编辑：赵宏佳　姚春青
责任审校：李　战
封面设计：末末美书

出版发行：哈尔滨出版社（Harbin Publishing House）
社　　址：哈尔滨市香坊区泰山路 82-9 号　邮编：150090
经　　销：全国新华书店
印　　刷：三河市宏顺兴印刷有限公司
网　　址：www. hrbcbs. com　www. mifengniao. com
E-mail：hrbcbs@yeah. net
编辑版权热线：（0451）87900271　87900272
销售热线：（0451）87900202　87900203

开　　本：880mm×1230mm　1/32　印张：28　字数：432 千字
版　　次：2021 年 2 月第 1 版
印　　次：2021 年 2 月第 1 次印刷
书　　号：ISBN 978-7-5484-5771-8
定　　价：152. 00 元（全 4 册）

序　言

随着我国经济和科技水平的发展，人们的生活水平逐渐提升，教育事业也得到了空前发展，人们对孩子的教育问题也越来越重视。经济和科技的发展给人们的生活带来了便捷，但同时也带来了压力和各方面的问题，比如，人们为了获得更好的生活而忽视了对孩子的教育，而电子产品的泛滥则对孩子造成了更多方面的影响。

现在的孩子多是独生子女，从小受到父母和祖父母的疼爱，难免会养成骄纵的性格，而且由于父母和祖父母的疼爱，孩子们很少经受困难和挫折，一旦遇到问题，便很容易发脾气，甚至情绪失控。

情绪听起来是比较抽象的概念，是人体对外界刺激主观的、有意识的体验和感受，我们或许无法直接观测个体内在的感受，但却可以通过外在的行为或表现来认识情绪。也就是说，情绪虽然是无形的，但我们却可以明显感受到。

情绪是普遍存在的，孩子和大人一样有自己的情绪，他们也有喜怒哀乐，但作为家长的我们，却常常忽略孩子的情绪，以至于孩子不能很好地认识自己的情绪，更无法很好地处理和管控自己的情绪。

比如，有的孩子平时乖巧听话，但一遇到不顺心的事情便大发脾气，甚至做出一些具有攻击性的行为；有的孩子处处受到家人的疼爱，一旦有人违背他的意愿，便哭闹不止，撒泼耍赖；还有的孩子内心比较脆弱，听到一点儿批评便控制不住自己的情绪，哭泣不止，悲伤难过……其实这些都是孩子的情绪问题在作怪，孩子们还没有学会更好地去把控和处理自己的情绪。

情绪会影响孩子的学习和生活，如果情绪处理不到位，孩子的学习和日常的生活也会受到影响，更无法培养良好的性格。因此，鉴于广大家长所面临的孩子情绪问题，编者特编辑了《孩子不听话，老是控制不住情绪怎么办》这本书。

本书共十个章节，讲述了孩子情绪的方方面面，旨在教会家长关注孩子的情绪、认识孩子的情绪以及帮助孩子学会管理自己的情绪，做自己情绪的主人。情绪本身没有好坏之分，也无法完全消灭，但可以进行有效疏导和管理，因此，本书列出了疏导和管理情绪的有效方法，能够很好地帮助家长和孩子更好地管理自己的情绪。

第一章 走近孩子，了解孩子的小情绪

第二章 建立良好亲子关系，避免孩子情绪“大爆炸”

第三章　勇于表达，孩子的情绪需要合理宣泄

第四章　克服情绪障碍，让孩子更好地与人相处

第五章　开阔眼界，培养孩子多方面的兴趣

第六章 走进孩子的心，做孩子的“大朋友”

第七章 提高孩子承受挫折的能力

第八章 帮孩子解压，培养良好情绪

第九章 培养高情商，拥有好情绪

第十章 赞赏，让孩子拥有更多积极情绪

走近孩子，了解孩子的小情绪

人人都有“小情绪”，孩子也不例外，他们也有自己的喜怒哀乐，父母要及时关注孩子的情绪，不要总是以大人的眼光来看待孩子，认为小小孩童不会有什么烦恼。只有父母用心走近孩子，才能发现更广阔的孩童世界，也才会更了解孩子的喜怒哀乐。

孩子“烦恼”知多少

案例分享

有一次，小区的妈妈们聚在一起聊天，说起孩子，大家纷纷大倒苦水。明明妈妈说：“我家孩子总说在学校里很烦，三天两头就不开心，有时把自己关在屋子里也不出来，问他也不说，哎，真是愁死我了。”小军妈妈也说道：“我家乐乐也是，天天脾气暴躁得不得了，一点小事儿就发脾气……”另一位妈妈也忍不住插嘴道：“可不是，我家朵朵也是，总是闹情绪，一点小事就生气，不知道现在这些孩子都是怎么了，脾气大得很。”

妈妈们唉声叹气，十分纳闷，小小的孩子怎么会有这么多“苦恼”呢？其实，孩子和大人一样，在成长的过程中也有自己的烦心事，也总会遇到这样那样的烦恼，从而引发情绪的低落或焦躁，甚至控制不住自己的情绪，乱发脾气。然而，大人们总是不理解，觉得小孩子每天不愁吃喝，也没有压力，不像自己每天上班那么累，怎么会有烦恼呢？

其实，小孩子的烦恼确实是存在的，在他们的学习和生活中，这些情况容易引起孩子的“烦恼”情绪：

一、成绩不理想，被老师和家长批评时；

二、被老师、家长或同学等误解时；

三、因违纪等被老师批评时；

四、不小心闯了祸，想到自己将要受到惩罚时；

五、受到别人欺负时；

六、受到不公平待遇时；

七、丢失自己心爱的东西时；

八、与同学、朋友等关系不融洽时……

由此可见，孩子学习、生活的方方面面都有可能引起孩子的“烦恼”，进而引发情绪的波动，如果孩子控制力较差，不能很好地调控自己的情绪，很可能就会使孩子情绪失控。

教子有方

当孩子遇到烦恼时，家长如果不及时去了解孩子的烦恼，倾听孩子的“烦心事”，久而久之，会对孩子的心理产生不良影响，使孩子越来越不爱表露自己的心事，长此以往，负面情绪积累过多，孩子会很容易情绪失控。

孩子的心灵是脆弱的，当他们的美好愿望与现实产生矛盾时，烦恼就会来临。当孩子有了烦恼，家长不应再以大人的眼光来看待孩子，忽视孩子的情绪，而应及时发现、了解，并帮孩子疏导情绪。

第一，要多关注孩子，及时发现孩子烦恼的信号。

现实生活中，许多父母都是上班族，每天忙于工作，很少有时间去关心孩子的心灵，这样就很容易忽视孩子的一些小情绪，长此以往，对孩子的身心健康是不利的。父母不管有多忙，每天都需要抽出一定的时间来关注孩子，及时发现孩子烦恼的信号，否则，孩子的烦恼就会被忽视，积累下来，影响孩子心理的健康发展。

当孩子烦恼时，往往有这些表现：睡眠不安，食欲下降，体重减轻；沉默寡言，封闭自己；情绪低落，出现伤心、忧虑、委屈、气愤等负面情绪；烦躁、哭泣；出现头痛、腹痛等身体不适状况；产生逆反心理，我行我素，大发脾气；胡乱发泄，破坏欲强；出现攻击别人的行为……

当孩子有这些表现时，家长一定要注意，主动、及时地与孩子沟通，让孩子敞开心扉，说出自己的心里话，了解孩子烦恼的原因，这样才能有针对性地帮助孩子消除烦恼。

第二，去感受和理解孩子的烦恼。

很多父母会有这样的疑问："孩子每天只有学习，其他什么事情都不用干，怎么会有烦恼呢？"其实，由于孩子的心理发育并不成熟，一点事情就有可能引发孩子的烦恼，或许这些事情在父母看来并不重要，但对于孩子来说，却是天大的事情，所以父母要有同理心，去感受和理解孩子的烦恼。

当父母主动表示想了解孩子的烦恼时，孩子的烦恼就会减少很多，同时，他们也会更有信心去面对烦恼，解决烦恼。所以，当孩子向父母诉说烦恼时，父母要做出正确的回应。比如，可以这样来回应孩子："妈妈（爸爸）知道这次你没有考好，所以心里不太舒服是不是？""你是不是觉得如果做不好这件事情，就会被老师责问，所以有些烦躁不安？""我知道你觉得这件事情很难处理，心里很烦恼是不是？宝贝，你尽管说出来，妈妈（爸爸）和你一起解决。"

第三，和孩子一起面对烦恼。

在孩子遇到烦恼时，大部分父母总是习惯性地替孩子想逃避的办法。比如，有的父母会告诉孩子："你干脆不要做这事了，管它是谁做，反正你不做，这样就不会烦恼了！"或者会说："宝贝儿，要不咱们不做这件事了。"

其实，这些消极的逃避策略根本无法解决孩子的烦恼，因为，孩子一旦再次遇到相同的问题，依然会烦恼，而且还会养成畏难、逃避问题的坏习惯。

所以，无论孩子遇到什么样的烦恼，父母都要和孩子一起面对，并且鼓励孩子正视烦恼，面对烦恼，然后想办法战胜烦恼，而不是一味地逃避。

第四，教孩子学会调节心情的方法。

帮孩子逃避烦恼，不如教会孩子解决烦恼、调节心情的方法，当孩子学会调节自己的心情，会更好地面对挫折，塑造健康阳光、积极乐观的心态。下面这些小方法可以帮助孩子调节自己的心情，如表1—1所示。

表1—1 情绪调节小方法

倾诉法	告诉孩子，当心情不好、有烦恼时可以向父母、朋友、老师等倾诉。人在情绪不好的时候，若能向他人倾诉，发泄心中的郁闷，就能在一定程度上摆脱不良情绪。
自我暗示法	告诉孩子在情绪不好时通过语言或意识来暗示自己调节情绪。比如，当孩子陷入忧愁时，可以让孩子自我暗示："不要烦恼，烦恼也没用，还是想办法来解决问题吧。"或者是："不用烦恼，我一定能解决这件事情，如果不行，我可以向爸爸妈妈请求帮助。"
注意力转移法	父母应该教孩子在情绪不好时转移自己的注意力。比如，当孩子遇到不高兴的事情时，他能够意识到需要冷静，然后找一些自己感兴趣的事情去做，从而使自己的注意力转移到具体的事情上来，这样就能很好地调节自己的情绪。
环境调节法	环境对人的情绪和情感有很大的影响和制约作用。所以，当孩子有不良情绪时，可以教孩子暂时离开令人烦恼的环境，带孩子去野外或球场散散心，等孩子心情平复后再集中解决问题。

父母心经

孩子也是“小大人”，也有烦恼也有愁，作为家长千万不能只以大人的眼光来看待孩子，更不能在孩子向你倾诉烦恼时表现出不耐烦的情绪，甚至呵斥和责骂孩子。只有及时了解和感受孩子的烦恼，才能帮助孩子解决烦恼，教会孩子调节自己的情绪。

孩子也有消极情绪

案例分享

兰兰今年10岁了，她的学习成绩很不错，可是，她却天天唉声叹气，还经常抱怨说：“我太胖了，难看死了！”“他们都不跟我玩，真讨厌！我讨厌学校！”

有一次，学校组织野餐，兰兰起床时发现天气阴沉沉的，马上就不高兴了，抱怨道：“这么差的天气，有什么好玩的？我一点都不喜欢野餐，真没意思！”

妈妈安慰道：“天气预报说今天是阴转晴，太阳一会儿就出来了。”可是，兰兰像是没有听见妈妈的话一样，仍然沉浸在自己的情绪中发着牢骚。最后，兰兰放学回家时还是不开心，向妈妈发着脾气。

原来，兰兰性格比较内向，平时不爱和同学们交往，而且，两年前，爸爸和妈妈也离婚了，从此，兰兰更加闷闷不乐。妈妈整天忙于工作，很少有时间和兰兰交流，兰兰感觉爸爸妈妈都不爱自己了，觉得老天对自己太不公平了，似乎什么事都不顺心。

兰兰的妈妈也说，孩子在家里也是不开心，总是闷头闷脑的，还经常说：“生活就像是一杯没味儿的白开水。”与她聊天时，孩子也总是不耐烦地说：“你烦不烦呀？”甚至有时候，还忍不住对妈妈大发脾气。

兰兰妈妈由于忙于工作，生活的压力也比较大，无暇顾及兰兰的情绪。然而，眼看着孩子越来越消极，心里也非常着急。

其实，与成年人一样，孩子的情绪也有积极和消极之分。孩子对那些能够满足自己需要的事物或对象，会产生一种积极的情绪体验，而对那些无法满足自己需要的事物则会产生消极的情绪体验。积极的情绪会让孩子拥有乐观的人生态度，也能令事情变得更加顺利，而消极的情绪则会让事情变得更糟糕，长此以往，也会让孩子形成消极的人生态度。

教子有方

一般来说，孩子处于消极的情绪状态的时候并不多，但是，这种消极的情绪状态却对孩子的身心健康有很大的危害。比如，“爸爸妈妈都不爱我了，我真可怜”容易导致孩子形成内向、忧郁的性格；“我太胖了，真丑!”使孩子无法悦纳自己，从而对人际交往失去信心；而“我很没用，我真是一个废物”则使孩子对自己的能力失去信心，从而无法做好每一件事情。

孩子的这种消极情绪要引起家长的重视，如果孩子一遇到困难和挫折就心灰意冷，消极面对，这种状态持续下去，就会进入恶性循环，使孩子一生都挣扎在消极中。面对这种情况，家长要积极介入，把孩子的消极情绪转化为积极情绪。

首先，找准原因，有针对性地帮孩子摆脱消极情绪的困扰。

家长要积极寻找孩子产生消极情绪的原因，有针对性地帮助孩子摆脱消极的困境。比如，如果孩子是因为考试失败而消极，父母可以多鼓励安慰孩子，并寻找以往孩子的成功事件来鼓励他；如果孩子是因为长相而消极，父母可以寻找一些长相一般而成绩优秀的人的事迹来鼓励他，还要引导孩子多关注内在美。

只要孩子愿意与父母沟通，能够说出自己的苦恼，家长就能很快找到孩子产生消极情绪的原因，这样父母就能有针对性地帮助孩子克服消极情绪，教孩子以正确的态度和措施来保持乐观的情绪。

其次，允许孩子自由地表达“悲伤”。

当孩子遇到困难时，往往会表现出悲伤的情绪，父母应该允许孩子自由地表达悲伤。如果孩子哭泣的时候，父母要求孩子停止哭泣，不让孩子将心中的悲伤情绪释放出来，孩子就会把心中的悲伤积聚起来，久而久之，反而使孩子形成消极心理。

相关研究表明，适当地发泄情绪对维护心态平衡具有积极的作用。当一个人在遭遇到挫折或者感受到不愉快时，让他能够不受压抑地通过语言或非语言的方式表达自己的情绪，可以减轻他心理上的压力。因此，对于孩子表现出悲伤或软弱，父母可以不去劝阻，让孩子尽情地发泄心中的郁闷，只要孩子发泄够了，他自然会恢复心态的平衡。

再次，用积极、乐观的情绪感染孩子。

家长们要知道，情绪是可以传染的，如果爸爸妈妈经常在家里抱怨发牢骚，孩子生活在一个充满抱怨和牢骚的环境里，也会习惯于用消极的语言来宣泄自己的不满。形成习惯以后，孩子一遇到问题就会习惯于用消极的方式来面对。

所以，父母要重视言传身教，在日常生活中，要做一个乐观开朗的人。在工作和生活中遇到困难时，要想办法积极地去解决，注意自己的情绪表达方式，避免流露抱怨、不满等消极情绪。

在遇到困难时，父母能够以身作则，保持自信、乐观，奋发向上，孩子也会受父母的影响，在遇到困境时，也会积极乐观地去面对。所以，父母应多用乐观的情绪去感染孩子，日常多向孩子灌输一些乐观主义的认识，让孩子明白，即使有不愉快的事情发生，那也只是暂时的，只要积极去面对，就能很好地解决，生活还是愉快、美好的。

最后，父母要尽可能地丰富孩子的精神生活。

拥有丰富精神生活的孩子不容易产生消极情绪，因为丰富的精神生活可以使孩子把注意力转移到其他事情上。所以，父母要尽可能地丰富孩子的精神生活，比如鼓励孩子养成阅读的好习惯，让孩子阅读童话、小说、伟人传记等文学作品，也可以鼓励孩子多交朋友，多培养自己的兴趣爱好，比如画画、下棋、舞蹈、音乐、足球等，让孩子的课余生活丰富多彩。

父母心经

孩子的消极情绪需要及时关注并加以干涉，千万不能等孩子长大以后才去调节孩子的消极情绪，因为消极情绪常常导致孩子拥有消极的人生态度。所以，父母要多关注孩子的情绪，从小培养孩子的积极情绪，使孩子养成乐观开朗、积极向上的良好性格。

正视孩子的情感需求

在讲孩子的情感需求之前，我们先来看几个小故事。

案例分享

故事一：六年级的小明要过生日了，爸爸妈妈给他买了有趣的玩具和课外书，还打算在他生日时带他去游乐场玩。可是，小明听了并不是很开心，原来小明是想要一个滑板，参加学校的滑板社团。

故事二：初二的晨晨放暑假了，妈妈对他说，让他去深圳舅舅家玩。可是晨晨却说：“不，暑假里我要和同学们去爬山和旅行。”原来，孩子需要的是友情，是和同学们相处的欢乐。

作为家长的我们总是会以大人心思来设想孩子的需求，然而，我们以为孩子最喜欢的东西，却并不是孩子的需求。我们总是以自己的喜好来判断孩子的需求，将自己的意愿强加到孩子身上。

比如，有的家长给孩子买高档玩具，但发现孩子玩一会儿就丢到了一边，殊不知高档玩具并不是孩子最需要的玩具，简单组合式的玩具才能让孩子们尽情发挥自己的想象力。

教子有方

家长的包办代替并不是孩子的需求，让孩子学会独立才是孩子健康成长的雨露阳光，所以家长们要放下“自以为是”的想法，正视孩子的情感需求，给予孩子最需要的东西。

一般而言，孩子的情感需求主要体现在以下几个方面，如下表1—2所示。

表 1－2 孩子的情感需求

孩子的情感需求	
爱的需求	人类最大的情感需求是爱的需求，对于孩子来说，则是“无条件的爱”。人类最害怕的就是被遗弃与遗忘，孩子尤其如此，他们害怕被父母不喜欢或抛弃，所以父母一定要给予孩子无条件的爱，这样孩子会获得足够的安全感。人一旦有了安全感，自信、稳定、自在的感觉也会继而产生，孩子才更易养成乐观开朗、不怕困难、勇于冒险的良好品格。
被了解的需求	在成长的过程中，孩子开始有自己的意见与看法，有自己的朋友与世界，有自己的喜好与语言。这个时期，孩子需要父母的聆听与了解，需要感受到被理解和接纳。尤其是处于叛逆期的青少年，他们更需要被倾听和理解，因为他们在学习和生活中，会面临很多压力和苦恼，却无处倾诉。
独立自主的需求	孩子长大以后，开始需要走出父母的安全屏障，向外独立去探索，这时期的孩子有独立自主的需求，他们渴望获得独立做一件事情的机会，并因此而感到自豪和骄傲。这一时期，需要父母给予孩子最大的耐心和鼓励，随时关怀孩子、支持孩子。如果父母不能给孩子最大的支持与鼓励，舍不得放手，溺爱孩子，会使孩子养成依赖的性格。

续表

孩子的情感需求	
成就的需求	每个人都需要“成就感”，这样才能更好地建立自信心、自尊心。孩子也是如此，研究表明，3 岁到 6 岁这个阶段是培养一个人成就感、自信心的关键时期。所以，当孩子有进步或独立完成一件事时，父母要及时地肯定和赞赏孩子，让孩子拥有成就感。同时，当孩子遇到困难时，家长也要积极鼓励和引导孩子，协助孩子完成，增强孩子的自信心和解决问题的能力。
娱乐休闲的需求	每个人都有娱乐休闲的需求，孩子也是如此，这样学习和生活才能劳逸结合，张弛有度。如果一味地让孩子学习，长期使孩子处于紧张的状态，不仅不利于孩子的健康成长，而且还容易使孩子心理疲劳，产生厌学情绪。所以，父母要给予孩子一定的休闲娱乐时间，可以让孩子踢球，和同学们一起玩耍，看一定时间的电视节目或者带孩子出去游玩等，用多种方式让孩子得到放松和娱乐。

父母心经

父母要多反思自己，放下自己的“成见”，不要将自己的意愿强加于孩子身上，而是要多了解孩子，正视孩子的情感需求，并且给予孩子及时的回应。

走近孩子，倾听孩子的喜怒哀乐

案例分享

这是来自一位妈妈的诉说：

我与女儿朝夕相处，在我心里，她一直都是一个小孩子，我也总觉得小孩子没有什么忧愁。直到上个月，一件小事让我明白，孩子也有自己的喜怒哀乐，我突然发现，自己常常忽略孩子的内心感受。

那是一个闷热的下午，我浑身是汗地骑着自行车在人流车流中艰难地行进。女儿坐在车后，向我讲着在班里与同学闹别扭的事，当时我十分疲惫，心里烦躁，毫无反应地听着。渐渐地，女儿的声音弱了下来。突然，她小声说：“妈妈，我差点儿忘了，老师让买一盒橡皮泥。”我不耐烦地说：“早干什么去了，刚才路过文具店为什么不说！”谁知当我极不情愿地带着孩子返回文具店时，女儿竟然气鼓鼓地自己跳下车，恨恨地赌气地说：“不买了，回家！”说完，头也不回地径直往家走。街上车水马龙，我又生气又担心地推着车紧紧跟在她身后，怒火中烧。

一进家门，我就怒不可遏地冲到女儿面前质问她为什么这么不听话。女儿眼泪汪汪地望着我说："妈妈，在路上我跟你说我和同学的事，你都不理我……后来，你还凶巴巴地对我。"我一下子愣住了，像遭到重重的一击。女儿的小脸通红，哽咽着继续说道："妈妈，我也有不开心的时候。你们大人心烦的时候，可以对我们小孩儿发火，可是我们小孩儿心烦的时候，找谁发火呢？你知不知道，我们有时也很难受……"望着已泣不成声的女儿，我的心被深深地刺痛了。

听了孩子的话，我的内心久久无法平静。想起小时候，我也会因为父母拒绝了我的正当要求而生气，也会因为遭受误解而伤心委屈……而现在，成为母亲的我，却因为工作、生活的压力而向孩子发火，将不良情绪发泄到孩子身上，完全不顾孩子的内心感受。

这位妈妈的诉说非常具有典型性，现实生活中，大多数父母都忙于工作，也承担着较大的压力，很少会去关注孩子内心世界的喜怒哀乐，自己粗暴的态度很可能已经伤害了孩子幼小稚嫩的心灵。

教子有方

背负着父母的期望和学习压力，现在的孩子也承受着很多压力，相关研究表明，很多青少年存在不同程度的心理问题，他们需要及时的心理疏导和沟通。因此，作为父母，不能只关心孩子的成绩，还要走近孩子，关心孩子的日常生活，倾听他们的喜怒哀乐。

孩子的话反映了孩子的心声，可很多父母并不把孩子的话当回事，有时还会认为孩子的话很幼稚，不把孩子的话放在心上，这样孩子就会越来越不愿意和父母交流，长此下去，孩子会逐渐变得沉默，感觉自己不被父母重视。

1. 多抽时间倾听孩子所言

父母们一定要通过听孩子说话来了解他们的感受，理解他们的喜怒哀乐，只要有时间，就要立即去倾听孩子所说的话，而不要让孩子等你有了空闲时间再说。

与孩子谈话，为我们提供了一次了解和教导孩子的机会。多倾听孩子的语言，有助于赢得孩子的信任，这样孩子才愿意把他所有的事都告诉我们。而对我们来说，了解孩子想什么，也是一件很重要的事情。

2. 了解孩子关于父母的“苦恼”

其实，对于父母，孩子们也有自己的想法，父母们的一些做法也常常令孩子感到压力和苦恼，下面是一些经常令孩子感到苦恼的地方，家长们要引以为戒。

（1）父母经常不守信用，答应孩子的事情却无法兑现。

（2）对孩子要求太高太严，孩子很难达到目标。

（3）经常打骂孩子。

（4）对孩子言语粗暴，动辄指责。

（5）经常拿自己的孩子与别人家的孩子比较。

（6）言语唠叨，使人厌烦。

（7）不问青红皂白，经常冤枉孩子。

（8）有不顺心的事情拿孩子撒气。

（9）不尊重孩子的意愿，一切替孩子包办。

（10）所有的空余时间都让家长支配了，自己缺少自由支配的时间。

3. 尊重孩子的成长

孩子是不断长大的，思想不断成熟，人格不断独立，父母们要认识到，孩子是正在成长、具有独立人格尊严的人，所以不能总是以老眼光看待孩子，忽视孩子的成长。在日常生活中，父母们要及时关注孩子的变化，与孩子沟通时要把孩子当成一个“小大人”，尊重孩子的想法，对于孩子提出的问题，不能嘲笑其幼稚，而应认真地与孩子分析探讨。

家长们要知道，想要让孩子听你的话，首先，你要学会倾听孩子的心声，了解孩子的喜怒哀乐，真正地去了解孩子的内心感受，只有这样，家长和孩子之间才能互相理解，形成良性循环。

父母心经

无论工作和生活多么忙碌，父母都要有意识地给自己的心灵预留一块空间，让它去容纳孩子的喜怒哀乐。作为父母，我们不仅应该关心孩子的学习和生活，也要去走近孩子渴望被人理解的心。

对待孩子要“以柔克刚”

案例分享

明明是个聪明的孩子，平时也很乖巧。但有一次，他跟妈妈到姑姑家去玩时，却发生了点不和谐的小“插曲”。

到了姑姑家后，由于妈妈很长时间没有见到姑姑了，所以就和姑姑聊得时间长了点。本来明明和姑姑家的表哥玩得也很好。可是快到吃饭的时候，明明吵着要回家。妈妈正和姑姑聊到高兴处，也没有心情理他，只是随口说了句：“去，一边玩去，别在这儿捣乱！”

没想到明明一改常态，躺在地上撒起泼来。这还真让妈妈下不来台，妈妈抡起巴掌就打在明明身上。这下明明更不依了，姑姑只好让他们“打道回府”，一场好端端的相聚就这样在不和谐的气氛中收场了。

其实如果妈妈能和明明温和地沟通，或许就不会出现这种尴尬的局面，这不正是妈妈粗暴沟通的结果吗？

所以，当孩子出现问题时，父母不妨先放下“打骂”或“粗暴”的管教方式，不妨尝试一下较为柔和的方式，用温和的态度来沟通，能收到意想不到的效果。

教子有方

孩子稚嫩的心灵极容易受到挫伤，家长任何粗暴武断的教育方式都不会有效，甚至会适得其反，只有用温和的方式，真诚地和孩子交流才能走进孩子的心灵，也就是说，对待孩子要“以柔克刚”。

用柔和的方式对待孩子，可以有效缓解孩子的心理压力，多数孩子都害怕批评，这是一种潜在的心理负担。一旦受到了父母的呵斥，这种负担便会转化为“心理压力”，孩子会因为考虑到父母将怎样处置，而变得焦虑不安，精神紧张；同时，自我保护的本能，又会促使孩子做出“心理防御”，以至于在父母面前不敢也不愿道出真情。这时，倘若父母能用和蔼的态度，温和地建议、开导、说服，孩子就会获得心理上的安慰，紧张的神经会渐渐松弛，情绪稳定了，父母的教导也就容易接受了。

不仅如此，用柔和的方式对待孩子，有助于促进父母与孩子之间的思想交流和感情的沟通，从而使孩子尊重父母、信赖父母，自觉自愿地接受父母的批评和教育。如果父母用粗暴的方式对待孩子，比如向孩子大声吼叫或者打骂孩子，孩子往往也会态度强硬起来，变得蛮不讲理。

父母心经

用“以柔克刚”的方式对待孩子，首先要对孩子怀着无限的真诚和浓浓的爱心，这样才能最有效地打开孩子的心扉，父母的话也才能更好地被孩子接受。其次，要对孩子“动之以情晓之以理”，教育孩子只有“情”“理”并用，才能够收到良好的效果。

建立良好亲子关系，避免孩子情绪“大爆炸”

良好的亲子关系对于孩子的健康成长非常重要，孩子处在和谐友爱的家庭氛围中，有利于良好性格的培养，更利于正面情绪的建立。良好的亲子关系胜过许多家庭教育，父母与孩子的关系也影响了对孩子的教育效果，亲子关系越好，对孩子的教育也越容易成功，反之，则对孩子的教育越容易失败。

和孩子平等相处，不做孩子的“法官”

一旦与孩子之间的关系发生问题，教育也会随之陷入困境。所以，如果用一句话说出什么是好的家庭教育，那就是：和孩子平等相处，不做孩子的“法官”。

案例分享

鲁迅先生对儿子海婴非常疼爱，也非常有耐心，无论孩子提什么问题，都会耐心解答。

一天晚饭后，鲁迅先生靠在躺椅上，小海婴跑过来骑马似的坐在爸爸的身上，一边吃着糖果，一边聊起天来。他向爸爸提出了许多幼稚的问题，爸爸都一一耐心解答。

“爸爸，你是谁养出来的呢?”

“是我的爸爸妈妈养出来的。”

“你的爸爸妈妈是谁养出来的呢?”

“是爸爸妈妈的爸爸妈妈养出来的。”

“爸爸妈妈的爸爸妈妈，一直从前，最早的时候，人是从哪儿养出来的呢？”小海婴步步深入地追问。

鲁迅先生毫不心烦，他望着儿子企盼的眼神，耐心地说：“这问题不是几句话就能说得清楚的，更不是你这个五六岁的孩子理解得了的，等你长大点上学后，老师会给你讲清的。只要好好学习，这些问题都能得到解决的。”

鲁迅先生的回答满足了儿子的好奇心，使小海婴懂得了家庭成员间的血缘关系，而对孩子暂时理解不了的问题，鲁迅先生避而不答，在儿子心灵深处埋下了求知探索的种子。

面对孩子的提问，鲁迅先生没有不耐烦，而是非常认真地回答了孩子的问题。由此可见，在面对孩子时，鲁迅先生并没有以“大人”自居，更没有去斥责孩子问题的幼稚，而是平等地与孩子交流讨论，从而建立了良好的亲子关系。

教子有方

良好的亲子关系胜过许多教育，父母什么时候与孩子关系好，对孩子的教育就容易成功，什么时候与孩子关系不好，对孩子的教育就容易失败。而建立良好的亲子关系，其关键在于父母对自己角色的认知。

在日常生活中，父母要放下高高在上的家长架子，学会尊重孩子，而不是将自己的意愿和是非观念强加给孩子。比如，孩子做错了一件事情，如果父母不问青红皂白一顿训斥，不但得不到良好的效果，还会引起孩子的逆反心理。

正确的做法应该是，父母要先了解孩子做错事情的原因，针对原因去分析，帮助孩子分析错误的根源以及解决问题的办法，这样一来，孩子会认识到自己的错误所在，也会更信任自己的父母，以后遇到问题，便会主动找父母来沟通。

父母心经

孩子的内心世界是丰富多彩的，家长要积极地影响与教育孩子，不了解其内心世界便无从谈起。面对孩子，要给孩子倾诉的机会，对于孩子的提问，要耐心解答，不能以成人的眼光来评判，甚至讥笑孩子的问题“幼稚”。

用真心和孩子交流

常听到父母这样抱怨：“孩子什么事也不愿和我讲。”“孩子一回家就关上房间的门，跟他说话也不理我们。”“我家孩子脾气暴躁得很，问几句就不耐烦。”

孩子们却诉苦说：“父母根本不理解我们，他们想说的就说个没完没了，而我说时他们却心不在焉。”

由此可见，其实孩子有许多事情、感受是很想跟父母说的。他们有欢乐、有苦恼、有不同的意见想和父母交流，可父母往往不重视，敷衍了事。

案例分享

有一个13岁的男孩子，由于母亲不再给他零花钱了，没钱去打游戏机，所以对母亲很反感。母亲说什么他都不听，事事与母亲对着干。这位母亲说：“为了孩子学习、生活得愉快，我经受的艰辛都不让孩子知道，没想到他现在这样对待我。”

后来，在外地做工的父亲回来了，他把自己的艰辛经历都告诉孩子，不久之后，母亲发现孩子竟然变乖了许多，问孩子的爸爸是怎么回事。孩子的爸爸说：“小孩子也是人啊，很多问题，你只要去跟他沟通，他就会明白了，你以前缺乏和孩子的沟通啊！”

母亲听了恍然大悟，从此特别注意和孩子之间的沟通，用真心去和孩子交流，不再像之前那样粗暴地对待孩子。不久之后，母亲发现孩子改变了许多，脾气似乎也不那么暴躁了，有什么话也愿意跟父母去说，再也不故意跟母亲对着干了。

教子有方

日常生活中，用真心和孩子交流，要做到以下几点。

1. 注重孩子的内心感受

父母要注意孩子内心的需要与感受，体会他们的心声、苦恼和心理矛盾，鼓励他们坦诚地表明自己的想法和感受。一定要让孩子明白：父母不赞同他们的某些行为，并不表示对他们的感受不理解、不认同。父母对孩子的感受认真加以理解和评价，将会影响孩子今后的发展。

2. 认真听孩子倾诉

对于孩子的话，父母应表现出热情和兴趣，并表现出很高兴和孩子沟通。孩子讲话时不打断、不批评，并能从孩子的立场去理解他们说话的内容，使孩子感到他们被理解、重视和接纳。

3. 沟通时语言要具体、明确

父母与孩子间产生的许多问题和矛盾，往往是言语不详、语义不清、模棱两可、似是而非造成的。比如，你告诉孩子："好吧，你玩一会儿，就回来做作业。"可是，这"一会儿"是多长时间呢？孩子有他们的打算，父母也有自己的要求，两者不一致，结果产生冲突是必然的。

所以，父母和孩子沟通时一定要注意语言的具体和明确，避免因为模糊的语言带来不必要的误解和冲突。比如，可以给孩子规定具体的玩耍时间，15 分钟或 20 分钟，而不要用"过一会儿"或"等会儿"等模糊不清的语言。

4. 和孩子交流，语言要切合实际，合乎情理

父母与孩子交流思想情感要实事求是，无论是批评还是表扬，都要切合实际，有理有节，千万不能跟着感觉走，更不能夸大其词。比如，有的孩子去学校，偶尔几次忘带作业本，家长知道后就会指责说："你总是这么粗心，天天丢三落四！"这样一说，孩子心里必然感到委屈。

父母心经

孩子是家庭中平等的一员，父母不应该以"过来人"自居，全盘否

定孩子的思想，强制孩子按照自己的思路行事。父母应该敞开心扉，用真心和孩子交流，多与孩子谈谈自己的看法，讲一讲工作和生活中的见闻，这样才能营造和谐友爱的家庭氛围。

科学处理与孩子的冲突

教育孩子的过程可以说是无尽的冲突过程，孩子的执拗、爱发脾气等常使父母火冒三丈，却不知如何应对。

案例分享

5 岁的晓君因为感冒、发高烧，两天没有去幼儿园。今天他稍好一点，想去游泳，妈妈说：“你不能去，你还没全好。”晓君噘起嘴不高兴。一会儿妈妈听到后门响了一下，晓君穿好了游泳裤，正在下水。“晓君，你今天不能游泳。”妈妈走过去把晓君拉了回来。晓君又哭又叫，朝着门又冲了过去。

妈妈走过去，关上门，什么也没说，也没有制止晓君哭泣。晓君哭了一阵，开始咳嗽。妈妈还是什么也没说，继续挡着门，不让晓君出去。最后晓君大叫道：“我恨你，妈妈。”然后到自己屋里去了。妈妈继续干自己的事，并不理会晓君。

这件事看起来妈妈是在与晓君打权力之战，晓君要去游泳，而妈妈堵着门不让他出去。这里妈妈有一个迫不得已的原因。在一般的情况下，妈妈可以考虑应用结果法，使孩子从结果中吸取教训。但在此例中的结果却是妈妈与孩子都难以承受的。没有哪个妈妈忍心让孩子生病以取得自我教育的结果，这样是危险的。

在这种情况下，妈妈需要利用一下自己的权威，这是她的责任，保证孩子不再生病。妈妈在这里采取了非常冷静的态度，没有激化矛盾，更没有为维护自尊而采取过激的手段。

教子有方

了解儿童的心理，才能更好地教育孩子、对待孩子，以达到你所要求的目的。晓君发脾气，因为他不能按自己的意愿行事，而并不表明他在“恨”妈妈。妈妈知道这只是一时的执拗。坚持住了，晓君会放弃。关键的是控制好自己的情绪，帮助晓君冷静下来，不使对抗升级。

当与孩子发生冲突时，父母要格外当心，不要让孩子的挑衅将你引入权力之争。这里面最关键的控制因素是作为成人和家长的自尊心和权威感。如果你火冒三丈不是因为孩子的行为本身，而是因为自己的权威受到了挑战，这时你应当强迫自己退出冲突，否则便会误入歧途。

在家庭中，我们必须建立起和谐的合作氛围，对孩子施行引导和鼓励，用民主的态度来代替专制主义，只有这样才能避免与孩子产生不必要的冲突。我们家长的地位不再是权威人士，而是通情达理的领导人，对孩子不是施行压力逼迫，而是引导、影响，我们的目标不是让孩子服从我们，而是服从社会规范，我们不是用惩罚来制服孩子，而是引导孩子自我决定。

避免冲突，争取合作是我们的理想，无论从父母的角度还是从孩子的角度来看，合作是共同的愿望，冲突是不会让任何一方感到愉快的。合作的过程就是一个彼此了解、协调、改善的过程。在合作中，我们应摸索出一些规律和技巧，鼓励孩子们与我们合作。合作必须靠赢得，而非强迫。正确的行为是鼓励的结果，强制不能带来根本的认同和长期的合作。

父母心经

用正确的态度来处理与孩子间的冲突，需要父母的毅力和耐性。理解孩子，鼓励孩子，相互尊重，尊重事实的本来面目，以此来争取孩子，这些做法都可以帮助我们赢得孩子的合作，避免权力之争。但有一点要说明的是，当孩子已经开始发脾气，使性子，局势已经有些僵化时，临时抱佛脚，想出一个逻辑结果来让孩子就范，这种方式是行不通的。

伤人的话不要说

有些妈妈在生气的时候，常常说“妈妈不要你了，妈妈再买个宝宝回来”“妈妈不喜欢你了，妈妈喜欢别人”的气话。也许你是出于无心，但自己随便不负责任说出的话，可能会对孩子的心灵造成重大的影响。

案例分享

有一次，我和女儿带着6岁的外孙到西班牙度假。在一家商店里，外孙非要买滑板，但他妈妈说：“你已经有两个了，不能再买了。你这个孩子，怎么这样贪得无厌啊！”

小男孩一下就躺在地上尖叫起来：“我就要，现在就要！”

我走出去了，在外面站了一会儿，觉得自己应该做些什么，就进去

对外孙说：“我知道你很伤心，很生气，有的时候生活就是这么让人沮丧。不过我有个好主意，你愿意试试吗?”

小男孩觉得外婆理解他，又想尽力帮自己，就停止了尖叫。

我对外孙说：“你想买滑板，可我和你妈妈都不愿意给你买。我们可以到别的商店看看，有没有商店愿意把它作为礼物送给你。”小男孩高高兴兴拉着外婆的手来到另一家商店，外婆把他介绍给售货员，问是否能满足孩子的要求，售货员遗憾地摇了摇头。两人走了 4 家商店都碰了钉子，到了第 5 家，小男孩说：“我不买滑板了，我还是玩家里的那两个吧。”

在上述案例中，父母通常的反应都是会说“你不应该尖叫”“不许哭”。但是作为一个孩子，出现这些情绪是正常的。父母应该尊重孩子的情感，允许他们表达，否则，就会对孩子的心灵和情感造成伤害。

教子有方

提起对孩子的伤害事件，人们首先想到的是被人抢劫、勒索、欺负以及被父母或教师体罚等等。但是对孩子而言，他们怕的“软”伤害远胜过这些“硬”伤害，在他们的心中，排在第一位的是软性的“语言伤害”。

经常遭受“语言伤害”，孩子的心灵就会扭曲，即使成年之后也会出现较多的行为障碍和个性弱点，难以适应社会。为了孩子健康成长，父母要对不良语言的严重后果予以高度关注，不要以为几句过头话不会对孩子造成多大危害，气急之下就口不择言地说许多刺激孩子的话，对孩子造成了心理伤害却浑然不知。要知道这种心灵的伤害甚至比肉体的伤害更严重。

要想对孩子避免语言伤害，父母要做到以下几点。

①要清醒认识到“语言伤害”的严重程度，在思想上高度重视。

②要多鼓励孩子，采用积极性语言教育孩子，时时刻刻注意不对孩子说伤害他们的话，尤其是在“恨铁不成钢”或气急的种种情况下，更要保持理智，控制好情绪，努力做到和风细雨、循循善诱。

③讲究批评的艺术，要以提醒、启发来代替指责、训斥。如用“我相信你可以做得更好”鼓励孩子，用“没关系，慢慢来，尽力而为”帮助孩子调整焦虑、紧张的情绪，等等。

④要做好自我调整，以平常心看待自己的孩子，根据孩子的生理、心理特点，因材施教。避免说出诸如“你怎么越大越……”“你都这么

大的人了，竟然还……”“你怎么就不能像人家……那样呢?”“我刚才是怎么跟你说的?”之类的话。这些话语都会刺伤孩子的自尊和心灵。

父母心经

俗话说“良言一句三冬暖，恶语伤人六月寒”，同样是语言，功效却截然不同。父母作为孩子的“第一任老师”和“最亲近的朋友”，切不可成为这样的伤害者，让孩子感觉“最亲近我的人伤我最深”，从而疏远、躲避父母。因此，在日常生活中，父母应多用“良言”，禁用“恶语”，以免对孩子造成“语言伤害”，酿成无法挽回的过错。

孩子也需要“面子”

英国教育家洛克说过：“父母不宣扬子女的过错，则子女对自己的名誉就愈看重，他们觉得自己是有名誉的人，因而更会小心地去维持别人对自己的好评；若是你当众宣布他们的过失，使其无地自容，他们便会失望，而制裁他们的工具也就没有了，他们愈觉得自己的名誉已经受了打击，则他们设法维持别人的好评的心思也就愈加淡薄。”

案例分享

一个星期天，一位中学生邀请他的同学来家聚会，他们玩得正开心，妈妈回来了，看到家里乱七八糟，便火冒三丈，当着同学的面把他臭骂了一顿。儿子觉得自尊心受到严重挫伤，同学们也感觉下不来台。这孩子一气之下就到姥姥家去住，每天都从姥姥家直接上学，母子俩“僵”了两个星期，最后还是妈妈主动承认错误，化解了矛盾，孩子才肯回家。

由此可见，如果父母不分场合地批评教育孩子，很容易击溃孩子自尊、自爱的心理防线，给孩子带来严重的心灵伤害，甚至造成与父母间的心理隔阂。

教子有方

尊重孩子，保护他的面子，这对孩子的成长来说是极为重要的。站在孩子的立场尊重孩子，会有益于孩子产生和形成一种自重、自爱、自尊，并要求受到别人尊重的情感。具有这种情感的孩子，在人际关系上，既能尊重自我又能尊重他人，所以他们也能得到别人的尊重，在生活中就会自信心强，责任感强，有进取精神。

要保护好孩子的“面子”，父母要注意以下几点。

1. 批评孩子要注意时间和场合

父母尽量不要在清晨、吃饭时、睡觉前批评孩子。在清晨批评孩子，可能会破坏孩子一天的好心情；吃饭时批评孩子，会影响孩子的食欲，长此以往会对孩子的身体健康不利；睡觉前批评孩子，会影响孩子的睡眠，不利于孩子的身体发育。最关键的是，父母批评孩子最不应该在公开场合，比如：公共场所、当着孩子同学朋友的面、当着众多亲朋的面。孩子也是有自尊心的，甚至有的孩子自尊心会很强。如果父母在公开场合批评孩子，会让孩子感觉很没面子，还可能会对父母心怀不满甚至心生怨恨，会影响父母与孩子之间的感情。

2. 批评要与教育结合起来

批评的目的是抑制孩子的不良行为、不良品德、不良习惯与不良学习态度等。为了使批评达到目的，父母在对孩子进行批评时一定要向孩子讲清楚不良品德、不良行为、不良习惯与不良学习态度的危害性，使孩子感到非常有必要克服这些缺点与改正错误，使孩子感到父母批评自己确实是为了自己好、是为了自己能够更快地进步。

3. 批评要有针对性

“打人莫打脸，骂人莫揭短”，父母的批评要有针对性，就事论事。然而，有些父母批评孩子却不是就事论事，而是东拉西扯算旧账，把上星期甚至一年前、两年前孩子的过失都放在一块儿算。这样就冲淡了要批评过失的主题，孩子不知道挨批评的重点是什么，也不清楚父母让他改正什么，这也不是，那也不是，总是有缺点，容易使孩子产生消极情绪，失去信心。

4. 批评孩子也要给孩子辩解的机会

当批评不符合事实，父母也应该允许孩子做出解释。因为如果孩子表面上虚假地表示接受批评，然而心里大感委屈，实际上不仅于事无补，还可能引发种种弊端。与此同时，父母也要让孩子明白：解释的目的并不是推卸本来应负的责任，还应要求孩子保持解释时心平气和、实事求是的态度。

父母心经

批评孩子是一门艺术，在批评孩子的同时要给孩子保留充足的面子，尤其是不要当众批评孩子，更不要揭孩子的“短”。因为孩子每一个行为都是有原因的，也许这些原因在成人看来是微不足道的，但在孩

子的眼里那是很严重的事情，不了解原因当众批评孩子，非但不能解决问题，反而会使问题变得更糟，使孩子产生逆反抵触情绪，导致对孩子的教育很难继续下去。

鼓励和赞美是一剂良药

鼓励和赞美是形成孩子自信乐观的性格最有力的催化剂，只有得到一定程度的赞美与鼓励，孩子才会有恒心与热情去做好一件事。与此相反，嘲笑与指责却能挫伤孩子的积极性，让他们丧失热情。在嘲笑与指责中，孩子会产生一种心理上的恐惧感，从而否定自己，在否定自己的同时，会产生极度的自卑感，从而意志消沉、精神萎靡。

案例分享

荷兰的一位诺贝尔奖获得者——著名的物理学家海克，幼年时对科学实验表现出了极大的兴趣。为此，家里专门腾出一层阁楼，让小海克把它建成了“天文台”和“实验室”。小海克被自己的这一席天地迷住了，成天钻在里面不出来。

可是有一天，竟闯下了大祸。做实验时，由于不小心，燃起了火。

被大风一吹，将整幢楼烧掉了一半。

这可把小海克吓坏了，他自知为此肯定要受罚，就逃出了家门，整夜不回家。

后来母亲好不容易才在田野中的一个小草垛里找到了他。

母亲不但没有责备他，还对他说："为了研究科学，你就是把家里的宅子全拆了，把田地全毁了，我们也决不会埋怨你!"

这番鼓励非同小可，它在一生中一直激励着海克去奋斗。当他在事业上遇到困难时，母亲对他的鼓励就会回响在耳边，让他重新树立起信心，去战胜困难!

教子有方

鼓励和赞美孩子，实质上就是对孩子进行积极的心理暗示。孩子的发展潜力很大，可塑性很强，自我评价能力却比较弱。赏识孩子，能增强孩子的自信心和自尊心，使孩子获得成功感，促使他们努力进取，争当好孩子。在教育工作中应学会赏识孩子，体会到赏识孩子是成功教育的"秘诀"。

在中国现行教育体制下，分数是衡量学生成绩好坏的重要指标，我

们不可能在短期内改变这种现实。作为父母，了解孩子却不能只通过分数，而应该全面把握孩子分数背后的整体情况。父母关心的应该是孩子这学期是否感到快乐。如果孩子这学期过得特别难，说明一定是遇到了什么问题。作为父母，应该通过老师、同学侧面地了解一下，不要简单、盲目地责怪，应尽量帮助孩子寻找原因，找到解决问题的方法。

人生不是一帆风顺的，总要经历很多失败和挫折。孩子也一样，当他们努力尝试一件事情的时候，很可能等待他们的并不是成功。当孩子失败和碰壁的时候，父母应该给他们及时的激励，让他们鼓起再试一次的勇气，从而克服困难，获得成功。一句话感动一个人，影响一个人，改变一个人，并不是天方夜谭。

当然，这里所指的赞扬与鼓励并不是毫无原则、廉价的赞美。对孩子错误行为的认同与鼓励，与嘲笑和指责一样无益。对孩子的错误行为，也要提出一定的批评，但这种批评是建立在尊重和不挫伤孩子的自尊心的基础之上的，绝不是嘲笑和指责。

父母心经

鼓励和赞美孩子，要把握好时机。当孩子遇到困难时，当孩子遇上失败时，当孩子不敢尝试新事物、缺乏信心时，父母应该给予及时的鼓励和赞美，给他一个拥抱，给他一个微笑，告诉他：“你行！我相信你！”有了家长的鼓励，孩子会感到一股强大的力量在支撑着他，从而对自己充满信心。

勇于表达，孩子的情绪需要合理宣泄

过多的负面情绪如果积压在心里，时间久了，很容易导致心理问题，所以，无论是成人还是孩子，都需要合理地宣泄自己的情绪，这对于孩子的成长尤为重要。首先，要让孩子学会勇于表达自己的情绪，只有勇于表达，孩子才能逐渐学会调控自己的情绪。

慢下来，听听孩子的“心里话”

孩子有了心里话会对谁说？父母、老师能否真正倾听孩子的心里话？一项针对儿童的调查表明，在他们烦闷或苦恼时，在倾诉对象选择上，父母强于老师，也就是说他们更倾向于向自己的父母说出心里话，然而现实中父母却很难担当这一角色。

案例分享

有一个6岁的孩子，刚从奶奶家回到父母身边，有一天，母亲炒了一盘鸡蛋，端到桌子上，接着进厨房继续炒别的菜，等母亲再次来到桌旁时，孩子已把鸡蛋吃得精光。但母亲并未责骂他，只对他说：“父母都还没有吃，你怎么可以一个人把鸡蛋都吃光了呢？”孩子不吭声，却在一旁悄悄掉眼泪。

母亲问：“你这孩子怎么这样，我又没训斥你，你还哭？”

经询问才知道，他在奶奶家里时，吃得越多，奶奶越高兴，多吃点儿，奶奶还表扬呢，从没有告诉过他，别人没吃的时候，自己不能都吃完。母亲耐心地给孩子讲明道理后，孩子从此便知道了做事还要为他人着想。

由此可见，父母若一味责怪而不与孩子交流，只能让孩子徒受委屈而又得不到教育。孩子毕竟是孩子，他们考虑事情，都是十分单纯、幼稚的，这时父母切不可妄下结论，轻视或嘲笑他，而是应该认真听他的想法，与他一起讨论解决问题的办法。

教子有方

倾听孩子的心声，需要做到以下两点。

①父母要多和孩子聊天

现代父母最大的特色，就是“忙”。爸爸忙，妈妈忙，能干的职业妇女在家里最常挂在嘴边的，就是催孩子：赶快洗澡、赶快吃饭、赶快写功课、赶快……

合格的父母，无论多忙，都会找出时间和孩子聊天，进行温馨的亲子对话，多听孩子的想法，也适时说理给孩子听，给孩子适当的管教。

常和孩子接触、聊天，可以让孩子知道什么是对的、什么是错的。当孩子犯错的那一刹那，心里自然而然就会出现一股约束力量，想起父母曾告诉孩子不可以这样，错事就可以不必发生了。

②父母要学习倾听孩子的话语

多数人都习惯说话，不习惯听话，尤其是父母面对孩子，更是滔滔不绝，要他做个“听话”的孩子。然而只顾自己说，不听孩子说，怎么知道他在想什么？不听孩子说，又怎么能了解他、管教他？所以，父母想要有个听话孩子，必须先要“听”孩子说“话”。要养成倾听孩子说话的习惯，并不很困难，只要告诉自己“少开尊口”就可以了。

当孩子在诉说一件事时，父母尽量忍住不要打岔，点头、微笑，或以简单的言语鼓励他说下去就可以了。当孩子发现父母有兴趣聆听他的诉说，他一定会有兴趣说给父母听。

父母心经

亲子沟通从谈心、聊天开始，父母应尽可能地多去了解孩子，让孩子说出心里话。尽管有时候，孩子说出的话很荒唐，父母也不可取笑，更不可妄加指责。父母要允许孩子发表自己的意见，并让孩子意识到自己的意见是受父母重视的。

孩子的“委屈”需要释放

现在的孩子大多是父母手心里的宝贝，这就造成了孩子的自我优越感，容不得半点委屈。但是，孩子在成长过程中难免会遇到各种各样的挫折和困难，孩子总会遭受委屈。所以，父母要耐心地与孩子沟通，使孩子的委屈得到充分释放。

案例分享

小丽是个文静的孩子，虽然学习成绩一般，但是，她很少让父母操心。但是，最近一段时间，小丽总是觉得很委屈。有一天傍晚，小丽放学后一直不高兴，还十分反常地跟妈妈发脾气。后来妈妈才弄明白，原来白天在学校做作业时，小丽拿橡皮时碰到了正在写字的同桌，虽然她连忙说“对不起”，可是，那位男同学还是一拳打了过来。

当时老师没有看见这一幕，小丽觉得这种事情不应该向老师报告，但是又觉得自己很委屈，于是只好在家里发泄了。

没过多久又发生了一件让小丽感到委屈的事情。一天傍晚，妈妈去学校接小丽。当时已经比较晚了，教室里只有小丽一个人在写作业。她两眼红红的，显然刚哭过。一见到妈妈，小丽就说：“妈妈，班主任老师叫你到她办公室去一趟。”

原来，小丽在数学课上忘记带东西了，数学老师正好是班主任老师。老师认为小丽是故意不带的，就罚她跟其他同学一起站了一节课。

小丽觉得很委屈，就向老师说自己不是故意的，还哭哭啼啼的。老师认为小丽影响了课堂纪律，索性让她站到办公室。这样，小丽就没有听到该堂课的内容。课后，老师虽然给小丽简要地讲了课堂的内容，但是，却狠狠地把小丽又批评了一次。于是，小丽只好一个人在教室里哭了。

教子有方

受委屈是经常会发生的，许多孩子在遇到不顺心的事情时，常常大发脾气或者满脸委屈。面对孩子的委屈，父母需要这样做。

1. 及时对孩子进行心理疏导

孩子受了委屈以后必然很难过、很伤心，父母要对孩子进行心理疏导，帮助孩子分清是非对错。在孩子情绪平静下来后，父母要让孩子叙述事情的真相，当孩子提及自己的感受时，要鼓励孩子说说自己为什么会有这样的感受，父母则要仔细倾听，并及时肯定孩子的正确做法。

父母的肯定往往可以让孩子的委屈情绪得到释放。然后，父母可以给孩子分析他这样做有哪些好处，让孩子从父母的讲解中，认识到自己的能力，从而产生自豪感。这种自豪能让孩子从委屈的情绪中走出来，增强孩子的信心。当然，父母也可以心平气和地从其他人的角度假设几个问题问孩子，引导孩子从他人的角度看问题。

2. 引导孩子正视与人之间的冲突

现在的孩子都缺乏受委屈的经历，因此很容易在受委屈时失去理智。父母应该给孩子讲解一些人际关系方面的常识，让孩子明白在人与人的相处过程中，产生冲突是必然的，受点委屈是正常的。比如，父母也可以给孩子讲一些自己小时候或者自己在工作中发生的类似的事件，这样，孩子的注意力就会从自己的事情中挣脱出来，转而集中在其他的事情上。

3. 培养孩子坚强的性格

虽然受委屈是比较普遍的事情，但是，如果孩子的性格比较坚强，孩子就不会对别人的攻击一味地退缩，而是会勇敢地独自去面对。

要想让孩子能够勇敢地面对此类事件，父母应当培养孩子坚强的性格，教孩子处理好与同学之间的纠纷。比如，父母可以在家模拟误会孩子的情况，孩子在被父母误会时必然会有不愉快的情绪体验，父母在事后可以及时教育孩子，让孩子在面对此类事件时，加强自我心理调节，化解不良情绪，保持良好的状态。

父母心经

孩子受委屈时，及时安抚孩子很重要。但是，安抚孩子并不是毫无

条件地顺从孩子，而是要让孩子勇敢地说出自己的委屈。一旦孩子把心中的委屈说出来，负面的情绪就会得到很大疏解，这时候再沟通就容易多了。

抚平孩子焦躁的心

孩子也存在情绪问题，尤其是焦虑情绪。现在的孩子承受着越来越大的压力，接受着越来越高的要求，这都很容易导致孩子产生不良情绪和行为。

案例分享

小华一直是个懂事听话的孩子，但自从上学后，她却像变了个人似的，反常地任性起来，情绪经常紧张焦躁，甚至学会和妈妈顶嘴了。妈妈十分担心，于是来到小华的学校咨询。老师安慰她说，孩子在成长产生飞跃或环境发生变化的阶段，出现情绪焦躁等一系列行为完全在意料之中，因为他们正在进行着自身与外界的磨合和调节。老师建议小华妈妈对她的反常行为尽量不予计较，要继续保持冷静、给予关爱。

由此可见，孩子产生焦虑情绪的原因有很多。研究表明，孩子的情绪问题主要与下列因素相关：身体发育的变化、学习的紧张、来自社交场合和周围环境的压力、激素分泌的增多、对更大自由权的渴望、讨人喜爱的强烈愿望和对在同龄群体中树立地位的期盼等。

当明白了孩子产生焦虑情绪的原因，父母就不能再简单粗暴地对待孩子，而是要耐下心来，用温和的方式与孩子沟通，根据孩子产生焦虑情绪的原因有针对性地解决问题，这样，才能抚平孩子焦躁的心。

教子有方

当孩子的心理诉求和外界环境产生矛盾时，孩子就会感到焦虑，进而产生焦虑情绪。这时，父母可以通过以下小方法帮助孩子摆脱焦虑情绪。

①让孩子勇敢说出自己的“焦虑”

没有说出的焦虑如果长期积压在孩子心里，会让孩子的心理压力越来越大，产生更多的负面情绪。所以父母要鼓励孩子诉说产生焦虑的原因，并让孩子感觉到父母时时刻刻在关心着他。

②给孩子自由支配的时间

许多父母给孩子安排了很多兴趣班，大量占用了孩子的课余时间，常使孩子感到压力过大，精神紧张。其实，父母应合理安排孩子的课余生活，保证孩子有充足的时间独处，做自己喜爱的游戏，父母不要去

干预。

③教孩子一些调节情绪的方法

当孩子产生不良情绪时，父母可以教给孩子一些自我放松的技巧，比如深呼吸、慢跑、打球、睡觉、洗热水澡等，这些对缓解紧张压力、促使精神松弛都有一定的作用。

另外，播放一些轻松舒缓的音乐，对缓解焦躁情绪也有非常好的作用。

④适当用运动来减压

适当的运动有利于减轻心理压力，消除紧张情绪。不少孩子通过踢球、骑车、游泳等活动，不仅消除了紧张焦躁的情绪，还锻炼了在遇到突发事件时保持镇静的能力。

父母心经

当孩子产生焦虑情绪时，父母首先要体谅孩子，要做到不被孩子的糟糕情绪所触怒，其次是弄清真相，了解和分析孩子产生焦虑情绪的原因，有针对性地去帮助孩子解决问题。另外，平时也要给予孩子足够的关注，当孩子情绪不佳时，用温和的方式帮孩子一起解决学习和生活中的烦恼。

扑灭孩子的愤怒之火

愤怒是人对客观事物不满而产生的一种心理状态。研究表明，多数发怒的持续时间是 1 分钟到两天，平均为 15 分钟。外向型的人容易通过表情、动作、言语表现出愤怒，常常是暴跳如雷，寻衅发泄，乱摔东西，甚至打骂他人，而内向型的人一般是缄口无言，怒目相待。前者是发泄型，怒气来得猛也消得快，而后者则怒气来得慢也消得迟。

案例分享

鹏鹏 8 岁时，爸爸妈妈离婚了，两年后，妈妈带着他组建了新的家庭。鹏鹏对继父一点也不了解，也不想了解，因为他不喜欢继父，他一直想念着自己的亲生父亲，一想到自己要和一个陌生的男人在一起生活，他就感到很别扭、很烦闷。

其实，继父对他还算不错，每次回家时，都会给他买一些他爱吃的或好玩的玩具，但鹏鹏一点也不喜欢他，每次继父和妈妈一块出去玩，鹏鹏就假装肚子痛，不让妈妈出去，或者大发脾气，搅得全家人都不安生。有时妈妈拉着鹏鹏出去玩，只要没有继父在场，鹏鹏和妈妈玩得很好，但只要有继父在场，鹏鹏就一会儿这样，一会儿那样，在玩的过程中，他也不愿与继父交流，继父问他什么问题，他不是一声不吭，就是随便应付一下。

这天，继父和妈妈商量一块儿去奶奶家，让鹏鹏也去准备一下。鹏鹏一听去继父的妈妈家，心里老大不乐意，就赖在房间不出来，妈妈一催再催，鹏鹏就是不愿去。妈妈急了："怎么啦，你这孩子，怎么这么不懂事？"

鹏鹏一听妈妈这样说，也开始发脾气，并对妈妈说："我就是不想去，我就是不想去！你凭什么让我去别人家，她又不是我的奶奶！"

妈妈给了鹏鹏一个嘴巴，鹏鹏更是又哭又闹，弄得妈妈不知怎么办才好。

其实，孩子的愤怒是一种正常的情绪，我们不应该否定或者压制。案例中的鹏鹏，其实他的愤怒来自内心的伤痛，研究表明，有些孩子内心受伤时会感到愤怒，并选择奋起反抗。

还有一些孩子，他们的愤怒来自内心深处曾经发生过的可怕经历，当相似的情形再次出现的时候，孩子会以愤怒的方式来表达。

另外，孩子们在受到不公平的待遇时，心中也会产生愤怒的情绪。

教子有方

尽管孩子产生愤怒情绪的原因有很多，但无论是哪种原因，父母都要及时体察孩子的情绪，并采用各种方法平息孩子的愤怒。如果父母没有及时发现并处理孩子的愤怒情绪，往往会给孩子留下许多后遗症。轻者，孩子会把愤怒情绪积压在心中，从而变得很叛逆。严重的还会影响孩子的学习、生活和身心健康。

下面这些小方法，可以帮助家长理解并接受孩子的愤怒，并协助孩子用积极的方式去平息自己的愤怒情绪。

①千万不要惩罚正处在愤怒中的孩子

在孩子表现出愤怒时，父母虽然不能放任孩子的坏脾气，但也不要用惩罚的方法让孩子承担做错事的后果。英国作家瓦谢尔说过："自然界没有奖赏和惩罚，只有因果报应。"父母对孩子的教育同样遵循这一原则。父母对待孩子，如果经常使用惩罚手段，效力就会越来越弱，这样你就不得不使惩罚措施升级，而孩子也会在痛苦中学会暴力。

引导孩子认识错误，并引导孩子正确表达自己的愤怒，也许在这一过程中会遇到孩子的反抗和不理解，父母要保持耐心和宽容，不断地引导孩子，不仅要让孩子改正错误，而且要保持良好的亲子关系。

②以同理心回应孩子

当父母发现孩子愤怒时，首先要问清楚原因。有时候，孩子愤怒仅仅是觉得委屈和不满，如果家长能够及时体察孩子的这种心情，并以同理心表示理解，孩子的怒气立刻能够消掉一半。

当然，如果孩子因为恐惧、不公平等原因引起愤怒，家长需要帮助孩子整理一下情绪，让孩子的愤怒平息下来。比如，家长可以说："你是不是觉得这样对你来说是不公平的？我也觉得如此！""我知道你受到了伤害，我们一起想办法来解决这件事情吧！"

③教孩子用恰当的方式表达愤怒

父母要教会孩子用合理的方式表达愤怒，而不是用身体动作，或者摔东西，甚至骂人、打人的方式来发泄。

例如，当孩子的玩具被人抢走时，可以这样教孩子："去告诉他玩具是你的，你想要回来，如果他不听，你就会找父母或者老师帮忙。"

当孩子被人欺负时，可以这样教孩子："告诉那人，你不想被别人欺负，请他向你道歉，否则你就会找父母或者老师帮忙。"

此外，教孩子释放自己的愤怒也是非常重要的。比如，出去散步，做做体育运动，听听音乐，逛逛街，看看动画片，等等。只要是能够让自己觉得轻松的、能够化解内心愤怒的合理方式都可以叫孩子尝试一下。

父母心经

父母不能为了教育孩子或者平息孩子的愤怒情绪，就不讲究教育方法，忽视了孩子的情绪反应，要知道，再“蛮不讲理、无理取闹”的孩子，其实心灵也是脆弱的。因此，父母要充满耐心、小心翼翼地引导孩子，一定要把孩子的情绪反应重视起来。

孩子也有拒绝的权利

每一位家长都要学会接受孩子说“不”，接受他们与我们不同的观点、意见、感受和要求，而不是在遇到分歧、反对、不从和别扭的时候，要么勃然大怒、要么冷漠待之。也就是说，孩子也有拒绝的权利，我们必须学会接受孩子对我们说“不”。

案例分享

一天下午，我带着毛毛和楠楠从幼儿园出来，打算带他们到附近的超市买东西。面对琳琅满目的商品，毛毛和楠楠兴奋极了，他们马上跑到了玩具区，寻找他们心爱的玩具。

热情的售货员看到两个小朋友过来，急忙向他们介绍新奇有趣的玩具。当售货员把一个毛绒小熊介绍给楠楠，想让她买这个时，楠楠干脆地摇摇头，说道：“不，我不喜欢这个玩具，我不要这个。”

我忙拿起另外一个小狗的玩具递给楠楠，楠楠再次摇头说道：“不，妈妈，我也不喜欢这个玩具，我要上面那个小猪佩奇的玩具!”

一旁的我惊讶极了，原来孩子也有自己的喜好，而且五岁的楠楠竟然这么“勇敢”，敢于拒绝自己不喜欢的玩具。

一个5岁的孩子，敢于对一个成年人说“不”，这是多么强大的内心力量!

在现实生活中，有很多家长不能够平静地接受孩子说“不”，而是多多少少都会感觉受到挑战、威胁甚至伤害，心里也会感觉到烦恼和愤怒。这既是人之常情，也是我们从小没有得到正确的“不”字训练的后果之一。

“听话！不听话妈妈就不喜欢你啦!”这样的要挟我们司空见惯，它给了孩子什么样的选择呢？不是非输即赢，更不是双赢，而是双输：要么继续反抗，却会失掉生命中最重要的关系；要么赶快乖乖投降、表现顺从，隐藏自己的感受，从而失去练习拒绝和面质技巧的机会，逐渐地变成一个不会表达自己的人。

教子有方

“一不听话，爸爸妈妈就不爱自己了。”在这种氛围中长大的孩子，学会强化自己顺从、可爱、懂事的性格特征，同时变得害怕甚至痛恨自己积极进取、敢说真话、与众不同的性格特征，他们努力地掩盖这些特征。长大之后，他们也不敢反对或者拒绝他人，因为在他们看来，只要提出不同意见，就意味着关系的破裂，那么为了维持关系，他们只能把分歧掩埋在心里，表面上做出随和的样子。

所以，父母一定要接受孩子说“不”，并用正确的方法去应对。比如，我们可以用温和的方式告诉孩子“孩子，你可以这样做”或者“孩子，无论你做什么选择，我们都爱你，不过这个问题，我们还可以再讨论一下，或许有更好的解决方法”等。这样既与孩子产生了共情，又坚持了我们的原则，同时确认了我们的爱，那么我们就赋予了孩子最强大的内心力量。

另外，也要告诉孩子，不要害怕对别人说“不”，也要能够坦然地拒绝他人、提出分歧、设立自己的原则。同时也要告诉孩子：

①愤怒仅仅是对方内心的一种感受，它不会跳出来伤害自己；

②如果对方因为自己设立原则而生气，那是对方的问题；

③不因对方的怒火强迫自己做不情愿的事情；

④不让对方的怒火影响自己的情绪，使自己也变得愤怒起来；

⑤准备好，需要的时候，远离对方，保护自己。

父母心经

中国的家长喜欢听话的孩子，不允许孩子反对自己，孩子一旦反对家长，就会遭受家长的威胁（比如“不听话就不要你了”等），这是生存不能保障的危险，为了活命，他们只能当父母意愿的“奴隶”。这样一来，孩子无法建构自我，无法形成独立的人格，更谈不上创造力的发展，所以，父母一定要有宽阔的心胸，接受孩子说“不”，让孩子塑造自我，成长为独立自主、富有创造力的孩子。

让孩子勇于表达自己的意见

父母常常是“专制”的，喜欢给孩子下命令，一旦发现孩子做错了，就会不分青红皂白地训斥、打骂孩子，不允许孩子申辩。这样不但不能使孩子心服口服，还会使孩子滋长一种抵触情绪，长期下去，孩子很容易成为犹豫不定、拿不定主意的人。

案例分享

小华今年上五年级了，爸爸妈妈决定给小华报一个兴趣班，想要培养孩子的特长。晚饭后，妈妈对小华说：“妈妈看了几家舞蹈班，非常不错，老师也很专业，你愿意的话这周就可以去学舞蹈了！”

小华还没来得及回答，一旁的小华爸爸马上插嘴道：“舞蹈有什么可学的？还不如去学围棋，多有文化内涵啊！”

妈妈忙打断说：“学围棋多沉闷啊！还是学舞蹈好，培养人的气质！小华，听妈妈的！”

一旁的小华看着争论的父母不知该说些什么，终于，父母都安静下来，看着小华。妈妈先开口问道：“小华，告诉妈妈，你想学舞蹈还是围棋？”爸爸也不甘示弱，问道：“小华，告诉爸爸，你想学围棋还是舞蹈？”

小华看着爸爸妈妈说道：“爸爸妈妈，我知道你们是为我好，可是，我想学……音乐，我特别喜欢音乐。我能上音乐的兴趣班吗？”

爸爸妈妈惊讶地看着儿子，原来孩子也有自己的想法，是自己太主观了，把自己的想法强加在了孩子身上。

教子有方

与孩子谈话时，可以多采用下面的方法，如下表 3－1 所示。

表 3-1 与孩子谈话宜采取的方法

方法	内容
诱导式	通过循循善诱使孩子充分表达自己的意见，增长孩子的知识和见识，使孩子从中获得乐趣，增进亲子感情。
协商式	对孩子采取平等的态度，尊重孩子的人格，通过商量和讨论启发孩子动脑筋想办法，使孩子积极参与说话。
解释式	当不赞成孩子做什么的时候，应解释原因，说明道理，并征得孩子的理解和同意。在孩子做错事时，帮助孩子分析原因，指出危害，使孩子心服口服。

除此之外，当孩子表达自己的意见时，父母也要做到以下几点。

①平等友爱

父母要从平等的地位出发，不摆父母的架子。在心情好的时候要这样，在心情不佳或被顶撞的时候更要注意态度。

②以孩子为中心

说话要围绕孩子关心和感兴趣的话题，当然，有父母和孩子都感兴趣的话题更好。围绕这类话题说话最容易沟通，也便于掌握孩子的思想动向。

③父母要有足够的耐心

有些问题孩子不一定能很快理解，父母要有耐心帮助孩子慢慢认识。对孩子没完没了的讲述，父母也不要随意打断，应适当引导，使孩子逐渐提高表达能力。

父母心经

孩子在任何情况下都应当被允许表达意见，应当不仅仅是允许谈可接受的、安全的话题，而且要允许讨论、争论。这对孩子的发展是至关重要的因素。它可以建立孩子良好的自我形象、信心，让他知道一个孩子说的话和做的事都不是无关紧要的。就说话而言，他可以体会到孩子的权利是什么，社会允许的限度又是什么。

第四章

克服情绪障碍，让孩子更好地与人相处

良好的人际关系有助于孩子正面情绪的构建，所以，父母要鼓励孩子走出自我的小天地，走进广阔的集体中多与人交往。让孩子更好地融入集体，就要让孩子克服不良情绪，养成乐于分享、善于合作的品格，还要教孩子掌握人际交往的知识，以诚待人，讲文明懂礼貌，这样，孩子在集体中才能更受欢迎。

让孩子从“自我”中走出来

一些父母为孩子太“自我”而发愁，孩子只想着自己，不管他人。这样的性格在父母面前会被包容，可到了学校，走进了社会，他们怎么能够与人和谐地相处呢！孩子以自我为中心的性格确实是个问题，如果放任不管的话，必然会影响到孩子未来的发展。

案例分享

圆圆是独生子，深受爸爸妈妈的宠爱。从小时候起，家里所有的人都会把好吃的、好玩的留给圆圆，圆圆也逐渐变得很“自我”。

有一次，爸爸下班晚了，实在太饿了，进家坐下后，顺手拿起圆圆的饼干吃了起来。因为这些饼干已经买回来好久了，圆圆根本不喜欢吃。然而，圆圆看到后却立刻发起了脾气，让爸爸把饼干还给他，甚至伸手要到爸爸嘴里去抢，尽管爸爸一再表示第二天一定给他买来更多的，但还是不能说服圆圆，他不仅哭闹，而且还躺在地上打滚，不依不饶的。最后，还是爸爸说带他去吃肯德基，才阻止了圆圆的哭闹。

圆圆的玩具更是丝毫不让别人碰，幼儿园的小朋友朋朋来家里玩耍，看见圆圆的小火车非常好玩，便忍不住用手去摸了摸，并且对圆圆说："你的小火车真好玩!"说话的过程中，他的眼神中流露着对那个小火车的喜爱，朋朋是多么希望能玩一会儿。可是圆圆却很小气地将小火车藏了起来，并且对朋朋说："这个是我爸爸买来让我玩的，你回家让你爸爸给你买呀!"

生活中，像这样的孩子并不少见，他们凡事都以自我为中心，不关心别人，甚至连自己的父母也不关心。遇到这种情况时，父母们一定要注意了，千万不能放纵孩子的这种心理，否则孩子就会成为一个彻底的自私自利的人，这样的孩子即使再聪明也没有用，因为一个人不能独立地在社会上生存，他必须要和人合作。

教子有方

当意识到孩子太"自我"时，父母一定要及时干预，具体来说，父母要注意以下几点。

1. 在家庭中，不要给孩子"特殊地位"

现代家庭，孩子是家庭的宝贝，不但爸爸妈妈宠爱，爷爷奶奶更是娇惯溺爱，使孩子觉得自己就是家里的"小皇帝""小公主"，享有"特权"。这时，父母一定要让孩子知道自己在家庭中与其他成员是平等的，对孩子任性的、不合理的要求，要坚决拒绝，以消除孩子"以自我为中心”的意识。

父母可以通过各种方式使孩子懂得世界上的一切事物都需要分担共享，并使其懂得应该经常关心他人，而不能任由孩子以自我为中心的心理发展。同时教育孩子懂得共享为乐、独享为耻的道理，帮助孩子建立群体意识，这样可以使孩子以自我为中心的行为逐渐减少。

2. 适当减少对孩子的关注

有位母亲非常疼爱她的孩子，她把自己的全部注意力都放在孩子身上：“宝宝不要乱跑！”“宝宝，你没摔伤吧？”“宝宝，妈妈帮你把扣子扣好！”……结果这个孩子越来越任性，越来越难管。

如果孩子从小在家庭中处于中心地位，父母给予太多的关注，那么这个孩子在长大以后并不能意识到自己已经是大人了，而依然会对父母表现出很强的依赖性。当父母遇到孩子独占、抢夺别人东西的时候，应当反省一下自己的教育方法，给孩子太多关注是不必要的，父母应当尽量让孩子感觉自己与其他家庭成员一样，都是平等的。

3. 让孩子多与同伴相处

在日常生活中，父母应有意地为孩子制造与同伴交往的机会，教育孩子要学会分享。比如当孩子吃东西的时候，教给他要分给别的小朋友，当他有了好玩的玩具时，教给他和其他小朋友一起玩才会有趣。爸爸妈妈最好引导孩子和比他大的孩子在一起玩，这样较大的孩子不仅可以适当带领、照顾他，而且可以培养孩子与伙伴友好合作的意识。

父母心经

父母要多反思自己，是否在日常生活中给了孩子许多“特权”，这样很容易养成孩子唯我独尊，以自我为中心的不良习惯。父母应帮助孩子从“自我”的狭隘圈子中跳出来，引导孩子设身处地地替他人着想，以求理解他人，并教给孩子尊重、关心、帮助他人，这样，孩子才能形成良好的性格。

鼓励孩子走进集体

现在大多数儿童是独生子女，父母对孩子关怀备至，衣来伸手、饭来张口，使孩子有了依赖性。有的父母怕孩子出门惹是生非，总是把孩子关在家里，人为地造成孩子不合群；有的家长整天让孩子看电视，孩子把注意力集中在电视节目里面，不关心周围事物，也不喜欢别人打扰，久而久之，便疏远了小朋友……大量调查表明，合群的孩子在知识范围、语言表达、人际交往等方面均明显优于性格孤僻、不爱交往的儿童。这些孩子比较热情、活泼、大胆、勇敢。可是，现在很多孩子，特别是有些独生子女，由于家长长期娇生惯养，放纵不管，非常任性，喜欢独来独往。生活中只考虑自己，很少想到别人。

案例分享

一位一生行善无数的基督徒，在他临终前，有一位天使特地下凡来接引他上天堂。天使说："大善人，由于你一生行善，成就很大的功德，因此在你临终前我可以帮你完成一个你最想完成的愿望。"

基督徒说："神圣的天使，谢谢你这么仁慈。我一生当中最遗憾的就是：我信奉主一生，却从来没有见过天堂与地狱究竟长什么样子。在我死之前，你可不可以带我去这两个地方参观参观?"天使说："没问题。因为你即将上天堂，所以我先带你去地狱吧。"

基督徒随天使来到了地狱，在他们面前出现了一张很大的餐桌，桌上摆满了丰盛的佳肴。"地狱的生活看起来很不错嘛！没有想象中那么悲惨嘛!"基督徒很疑惑地说。

"不用急，你再继续看下去。"

过了一会儿，用餐的时间到了，只见一群瘦骨如柴的饿鬼鱼贯入座。每个人手中拿着一双长十几尺的筷子。每个人用尽了各种方法，尝试用他们手中的筷子去夹菜吃。可是由于筷子实在是太长了，最后每个人都吃不到东西。

“实在是太悲惨了，他们怎么可以这样对待这些人呢？给他们食物的诱惑，却又不给他们吃。”

“你真觉得很悲惨吗？我再带你到天堂看看。”

到了天堂，同样的情景，同样的满桌佳肴，每个人同样用一双长十几尺的筷子。不同的是，围着餐桌吃饭的是一群洋溢欢笑、长得白白胖胖的可爱的人。他们同样用筷子夹菜，不同的是，他们喂对面的人吃菜，而对方也喂他吃。因此每个人都吃得很愉快。

这就是合作的力量，天堂里的人之所以很愉快，那是因为大家能够团结合作，相互帮助。在这个世界上，虽然个人的力量在增强，但还是很单薄，无法战胜看似简单的困难，而合作却能够聚集强大的力量，完成个人所不能做到的事情。

所以，我们要学会团结合作，在合作的过程中，大家也应学会如何协调自己与他人的关系，使得整个集体更加融洽，合作更加愉快。

教子有方

在学习和生活中，家长要鼓励孩子走进集体，培养孩子的团结合作精神。

1. 让孩子尽可能多地参加集体活动

孩子在家里，父母往往处处都依着他，可在群体之中，就得平等相处。所以，父母应该让孩子多参加集体活动，最好让孩子从小生活在同龄孩子的群体中，比如幼儿园、托儿所、兴趣班等。

在与同龄人一起生活的过程中，孩子们会相互教会怎么生活，怎么相处，怎么玩耍。这实际上克服了独生子女本身的不足。可是，许多家长生怕自己的孩子会在集体生活中“吃亏”，一味要求孩子自己顾自己，不要与其他小朋友来往。这样做表面上似乎是爱孩子。实际上，使孩子得不到群体生活的锻炼，势必会影响孩子的健康成长。

2. 教孩子在平等的原则上交友

孩子和朋友交往过程中，家长要教育孩子严以律己，宽以待人，平等相处，互相信赖，彼此尊重。对于爱捣乱、爱逞能、惹是生非的孩子，在家里，家长要教育他：“你这样下去，没有一个小朋友会和你一起玩了，老师也不会喜欢你的。”在幼儿园，老师应利用孩子的“从众心理”，使他看到整个班级是团结的、守纪律的，一个人捣乱、逞能是不受欢迎的，使他感到一种无形的压力，慢慢孩子就会同化于集体之中。

3. 以身作则，营造良好的家庭氛围

良好的家庭氛围主要表现在全家人和睦相处上，大人关心小孩，子女关心长辈，彼此互相关心，共同生活，这样的家庭对子女有一种凝聚力，孩子在这种气氛中，人格才会健全发展。此外，家长要教育孩子对邻居、客人热情、谦虚、礼貌。这样，使孩子在潜移默化中逐渐养成尊重别人、爱护别人的良好品德。

父母心经

教育孩子不是一朝一夕的事，父母不能急于求成，要有耐心，从点滴做起，鼓励孩子走进集体，多和同伴相处，培养孩子的团队精神和与人合作的能力。同时，家长也要注意，在与孩子相处时，切忌以孩子为中心，处处围着孩子转，让孩子凌驾于父母之上。同时，家长也要尊重孩子，切忌随意训斥和打骂，要让孩子在互敬互爱的家庭氛围中养成乐观开朗、体谅他人的性格。

让孩子学会与人分享

什么是“分享”？分享就意味着把属于自己的东西慷慨地分给别人，让别人也得到同样的快乐。分享是与独占和争抢行为相对立的，不仅包括对物质和金钱等有形东西的分享，还应包括对思想、情绪情感等精神方面的分享，甚至还有对义务和责任的分担。

案例分享

一次，家里买了虾，豆豆特别喜欢吃虾，结果做好的虾一上桌，他就把一整盘的虾都拿到了自己的身旁。爸爸批评他，可他振振有词地说：“人家喜欢吃嘛，爷爷、奶奶也不喜欢吃，他们都要让我吃。”其实，爷爷、奶奶不是不喜欢吃，只是孙子喜欢什么，他们就全让给他吃。

此时，爸爸故意把那盘虾都挪到自己身边，并说：“爸爸也喜欢吃虾，你的这些虾让给爸爸吃些。我知道你是个乖孩子，肯定会答应的，是不是？”

听爸爸这样说，儿子有点不高兴，可过了一会儿，他却说：“爸爸，你不是说有好吃的东西要和别人一起分享吗？你怎么把虾全拿走了！”爸爸心中暗自高兴，儿子“中计”了，便趁机表扬他：“儿子说得真好，真是个懂事的孩子，现在你就把这些虾分给大家吧。”

通过这样一番开导教育，儿子终于懂得了与人分享的意义。

分享对于一个人与社会的融合起着决定作用，它在某种程度上决定着人能否被社会接纳、能否适应社会、能否在社会中生存。现在，许多父母习惯于溺爱孩子，把孩子放在家庭的主导地位，在这种情况下，孩子心中没有他人。他们不会关心父母，不会关心他人，更不会关心社会，这样的孩子是不会懂得分享的，这样也就无法拥有良好的人际关系。

教子有方

与人分享不是自发的，必须教给孩子怎样去做。父母让孩子学会分享可以从以下几点做起。

1. 适当强化分享带来的欢乐

很多孩子喜欢玩人家的玩具，但是让他们拿出自己的玩具给别的小朋友玩，他们就不乐意了。如果是这种情况，做家长的在客人到来之前，可以让孩子挑选几样他们愿意让别人玩的玩具，告诉他们不要担心玩具被弄坏。这样当他们无条件地与别人分享东西时，他们能感到自己对那些分享出去的东西仍有控制力，那些东西还是属于他们的。在一起玩耍的过程中，他们能体会到和小伙伴一起玩玩具的快乐，这时候父母要及时地表扬孩子，强化孩子的这种行为。

2. 为孩子准备可供分享的小物品

如果你们的孩子正上幼儿园，可以在孩子的书包里放一些书、玩具、零食，告诉孩子到幼儿园后，主动给其他小朋友分享。如果孩子不太乐意，你就要告诉他们，大家一起玩才是最快乐的，同时，你现在让别人玩了，以后别人也会让你玩。这样，他们就能慢慢地意识到和大家一起分享的快乐。

3. 家庭中的“分享”小游戏

在家里，父母可以让孩子为家人分苹果、分橘子等，教给他们先分给爷爷奶奶等长辈，再分给爸爸妈妈，然后才分给自己。在这种分东西的过程中，孩子不仅学会了与人分享，而且明白了应该尊敬长辈、关心父母、关爱同学的道理。

父母心经

分享其实是一种意识、一种能力、一种品质，学会分享是孩子成长过程中的一项本领，需要父母与老师的引导和教育。虽然孩子能够学会分享，但它对孩子来说是个很难理解的观念，所以在要求孩子把玩具拿出来与别人分享时，一定要使他们有足够的时间玩自己的玩具，并且要承认孩子对玩具的所有权，因为承认孩子的所有权，会使他们感到分享是在他们控制之下的。

让孩子学会主动与人分享，并乐于分享，要经过一个漫长的过程，在这期间需要父母给以正面的引导，提供分享的机会，让孩子亲身体验与人分享的愉悦感受，父母还需要适时激励，从而使孩子产生与人分享的强烈愿望。

培养孩子的合作精神

在生活中，每个人都有自己的缺点和优点，所以我们需要他人来弥补自身的缺陷和不足。一项事业的成功，往往是很多人合作的结果。事业愈是伟大，就愈显群体合作的特点。世界上第一颗原子弹的研制，如果没有爱因斯坦、费米、西拉德和罗斯福等人的共同努力，那团辉煌的“蘑菇云”就不可能冉冉升起。

每个人都渴望实现自己的人生目标，但是如果不善于和别人合作，实现自己人生理想的道路就会困难重重。

案例分享

两个年轻人外出旅行，因为迷路而越走越远，到了一个人迹罕至的地方。眼看着所带的食物没有了，正在绝望的时候，他们遇到了一个钓鱼的老人。老人手里拿着一支钓鱼竿，鱼篓里有一些鱼。他们立即向老人求救。老人说：“从这里出去走到有人烟的地方，至少有 7 天的路程，

我手里的两样东西分别送给你们，请你们自己看着办吧。”

年龄大些的要了鱼篓里的鱼，他说：“我没有力气去钓鱼了，我吃着这些鱼回去。”然后，拿了鱼篓上路了。

年轻的拿了钓鱼竿以后想，有了钓鱼竿就去找有鱼的地方钓鱼，也没有问题。他很高兴地告别老人也上路了。

几天过去了，拿了鱼的那个人把鱼吃光了，但是他仅仅走了一半的路程，在开始走下一半路程的时候，他饿死在了路上。

而拿了钓鱼竿的人呢？他拿了钓鱼竿以后就寻找能够钓鱼的地方，当他距离有鱼的地方还有几十米的时候，再也爬不动了，他也饿死在了路上。

很多年以后，又有两个年轻人同样因为迷路到了这个人迹罕至的地方。同样，在他们山穷水尽的时候，也遇到了一个拿着钓鱼竿和装有鱼的鱼篓的老人。他们向老人求救，老人依然是分别送给他们每人一样东西以后就走了。

两个年轻人商量：“我们不能分开，两个人的力量和智慧肯定比一个人大，我们共同吃着这些鱼去寻找钓鱼的地方，边钓鱼边向有人烟的地方靠近，就有救了。”

果然，在鱼篓里的鱼将要吃尽的时候，他们找到了钓鱼的地方。而后，他们把钓的鱼晒成鱼干，向着前路走。不久又发现了钓鱼的地方……

十几天以后，他们成功地从死亡之地突围，回到了出发的地方。

教子有方

合作不是一般意义上的人际交往，而是为了一个共同的目标结成的互助互利的双赢关系。作为家长，应该从孩子懂事起就有意识地培养孩子与别人合作的能力。

1. 教孩子学会欣赏和接受别人

只有能够真诚地欣赏他人的长处，才能从内心深处真正地愿意接受别人。从实质上来讲，合作就是取他人之长，补己之短，是双方长处的交融，也是双方短处的相互弥补。只有相互认识到对方的长处，欣赏对方的长处，合作才会有真正的动力和基础。因此，父母要常给孩子灌输这样一个思想：任何人都有他的长处，要学会真诚地欣赏。

2. 父母要多创造与孩子合作的机会

在家庭中，父母可以多创造与孩子合作的机会，如父子一起修理坏的门窗，母女一起做饭等。在与父母的合作中，孩子可以学到与他人合作的技能，在今后与其他人的交往中能运用这些技能。对于孩子主动进行合作的行为，应该给予表扬。如见父亲在修自行车时，主动帮父亲拿工具。同时，要鼓励孩子多参加集体活动。孩子真正获得合作与竞争技能往往是在与同伴或集体的活动中，如参加运动会为运动员服务、助威等。

3. 告诉孩子做事时要适度考虑别人

父母要注意培养孩子慷慨大方的气度，要经常提醒孩子想到别人。如果孩子自私自利，凡事都只想到自己，就会遇事斤斤计较，也就难于与别人友好相处，又怎么谈得上与别人合作呢？当孩子幼小时，父母不妨对孩子进行这方面的“分享训练”：孩子手中拿着玩具，父母可以拿另外的东西，轻轻地、慢慢地递给他，从他手中取走玩具。通过这样反复训练，孩子便学会了互惠与信任。同时适当地给孩子们以引导，让孩子觉得分享对他来说不是一种剥夺，而是增添更多更新更好的乐趣和机会。

4. 教会孩子一些合作的规则与技巧

父母要让孩子明白在合作中既要尊重对方，服从大局，讲统一，又要有自己的立场。容忍和随和是有尺度的，也就是说在合作过程中，不能唯我独尊，只想着自己，要充分顾及他人的要求与需要，哪怕必要时做出一定的让步与牺牲；但是，迁就与让步是有限度的，不是放弃原则，在合作中要有自己的立场与个性，要知道取得同伴的信任与尊重是合作成功的前提。

父母心经

未来社会是一个充满激烈竞争的社会，这种社会需要的是一种“复合型”人才，不仅要求人们具有一定的科学文化知识和技能，还必须要有健全良好的心理品质，有合作意识和竞争意识，会团结他人。所以，父母应该在积极教导孩子学好各种本领、塑造多种能力的同时，也要在日常生活中多给孩子合作的机会，让孩子在合作中获得团队精神。

鼓励孩子交朋友

朋友，不仅仅是童年快乐生活不可缺少的元素，更能对一个人性格、气质、人际交往能力等产生重要影响。

交朋友似乎是这个世界上最自然不过的事情，但现在的孩子多是独生子女，从生下来到进入幼儿园之前，只能面对一个缺少伙伴的环境。虽然家人会让孩子拥有非常好的生活条件，但是这些家人和孩子的关系并不是平等的。这样的成长体验让一些进入幼儿园、小学的孩子也丧失了交朋友、与人相处的能力，产生“交际障碍”。

案例分享

一天，我去朋友的新家做客，他们的新家不但房子很大，花园也十分美丽宽敞。进门不久，我笑着说道："这么大的空间，孩子们除了上学或上幼儿园，可以尽情地在家里玩了。"

朋友说："孩子们在家一起玩的时间还不如和他们的小伙伴们在一起的时间多呢！4个孩子每人都有几个好朋友，为了好朋友，6岁的乐乐在这次搬家前，开始不愿跟我们来，表示宁愿留在老邻居家住……"

朋友又告诉我，这次搬家后的当天下午，他们夫妇不顾东西还没整理，第一件事就是和4个孩子一起出去，绕新房一圈以后，便直奔公共体育场。大家高兴地说："走，去认识新朋友！"

乐乐早憋不住了，接过一个叫丽丽的小朋友的铲子，和她一起玩沙盘游戏；哥哥姐姐们也进入足球场或登上攀登架，不但交了新朋友，也提前认识了新同学。

朋友夫妇认为，只有孩子们有了新朋友，对新家有好感，他们才能安心整理、创建新家。

朋友还向我解释道，对于孩子们来说，交朋友是很重要的，他们不但可以一起学习，一起玩耍，还可以谈谈心里话，说说彼此的理想，而且交朋友也可以很好地锻炼孩子的人际交往能力。

作为家长，任何时候都要鼓励孩子交朋友，寻找小伙伴，因为这样可以促使他们长大以后，喜欢交往，善于交往，成为阳光开朗、心理健康的人。

教子有方

在鼓励孩子多交朋友的同时，家长也应该培养孩子一些社交技能。

1. 让孩子掌握一些社交礼仪

①教孩子学会使用礼貌用语，比如“你好”“谢谢”等。

②教孩子友善地和他人交往。比如，主动微笑着和别人打招呼，说话时注视对方的眼睛，交谈时语调柔和。

③无意中伤害对方，要说“对不起”。

④学会用商量的语气。比如，希望和小朋友交换玩具时，要询问“可不可以”。

⑤仪表得体、干净。仪表整洁的孩子易赢得他人的喜欢，这会增强孩子的自信，增进对方与孩子交往兴趣。

2. 让孩子学会分享

家长要从小教孩子学会分享，比如，每周抽出几个时间段，让孩子带上玩具和其他小朋友交换或一起游戏，让孩子体验到分享的快乐，同时，分享也是一种社会交往的过程。

3. 培养孩子的“闪光点”

对孩子们经常玩的游戏，有心的家长可以指导孩子怎样玩得更好，让他优于其他小朋友。这样，在游戏中，他就会成为孩子们的焦点，身边会聚一些人气，不仅能增强自信，交往能力也会有所提升。

父母心经

从与同伴的交流中，孩子能获得他人对自己的评价信息，从而调试其自我评价。与同伴的游戏也有助于培养孩子的自制力和自觉纪律，这些活动，都使孩子的社会化程度大大提高。

总之，孩子通过交朋友可以学到许多新的行为方式，并且养成一套自己的行为习惯，这将使他们成年后能更好地适应多变的社会环境。

做个讲文明懂礼貌的孩子

礼仪是人类为维系社会正常生活而要求人们共同遵守的最起码的道德规范，它是人们在长期共同生活和相互交往中逐渐形成的，并且以风俗、习惯和传统等方式固定下来。在日常生活中，父母也要注意教给孩子一些礼仪知识，让孩子懂得文明礼貌，不然，孩子可能会成为别人眼中的“熊孩子”。

案例分享

小飞平时表现很正常，可是家里一有客人来，他就像个小皮猴似的，又蹦又跳，异常兴奋，并且谁的劝告也不听，令妈妈非常头痛。有一天，孙阿姨来家里玩，小飞一下子跳到沙发上，把沙发布使劲揉了又揉，接着拿过玩具枪挥来舞去，一不小心碰到孙阿姨的胳膊，“哗啦”一下，她手里端着的茶水溢出杯来，弄了孙阿姨一身。

小飞一见自己惹了祸，悄悄回到自己的小房间去了。妈妈连声道歉，孙阿姨嘴上说“不要紧”，可笑得挺尴尬。妈妈气晕了，这孩子平时好好的，怎么家里一来客人就这样呀？

以上故事中的小飞，并不是个坏孩子，可他不懂得待客的礼仪，所以，才让妈妈面子上过不去。

教子有方

要想培养孩子的礼仪意识，父母首先要重视礼仪，提高自己的礼仪意识，如果自身不重视礼仪，就无法教育培养孩子。

父母都希望孩子成为有气质、有风度、有教养的文明人，要使孩子变得有教养，父母可以从以下几方面着手。

1. 教孩子注重个人礼仪

个人礼仪包括仪容仪表、谈吐举止、着装几个方面。从仪容仪表说，主要要求整洁干净，脸、脖颈、手都应洗得干干净净；头发按时理、经常洗，指甲经常剪；注意口腔卫生，早晚刷牙，饭后漱口，不能当着客人面嚼口香糖；经常洗澡、换衣服，消除身体异味。

父母应该在日常生活当中注意从行为举止、谈吐、着装几个方面注重孩子的个人礼仪，给别人留下好印象。

2. 教孩子掌握公共场所礼仪

公共场所礼仪有很多，主要包括：走路、问路、乘车、购物、看戏等方面。走路除了注意体态姿势之外，还要遵守交通规则，遇到熟人要打招呼，互致问候，不能视而不见；如见到熟人需要交谈，应靠边儿或到角落谈话，不能站在道路当中或人多拥挤的地方；行人互相礼让，青年人应主动给长者让路，健康人应主动给残疾人让路。

3. 教孩子懂得待客礼仪

如家中要来客人，父母一般事先会有所准备，把房间收拾整洁，而且孩子也要学会招待客人。如迎接客人进屋，帮助客人放衣物，请客人在合适的位置落座。问客人喝什么饮料，主动送上，要双手呈、接物品。要主动、大方地与客人交谈。客人要走时应礼貌挽留，说“您再坐一会儿”“再喝杯茶吧”等。要送客人一段距离，说“再见”“欢迎您再来”。

父母心经

文明礼貌生活之中无处不在，只要家长重视，以身作则，随时说明要求，按要求去坚持训练，发现孩子有不讲文明礼仪的行为及时指出并当即改正，这样就能逐步培养起孩子的文明礼仪习惯。

开阔眼界，培养孩子多方面的兴趣

兴趣是最好的老师，对于孩子的成长、成才有着重要的作用，所以父母要从小培养孩子多方面的兴趣，给孩子自由选择的权利。培养孩子兴趣，要以孩子为中心，鼓励孩子多接触新鲜事物，让孩子在实践探索中发现自己的兴趣所在，同时，父母也要善于支持和鼓励孩子的兴趣，及时地给予孩子肯定，让孩子在兴趣中收获成功，收获欢乐！

给孩子自由选择的权利

父母总觉得孩子还小，不懂得选择，所以父母必须为孩子做主，等孩子长大了自然会感激自己的。也有的父母会觉得，自己是孩子的父母，难道还会害孩子不成吗？自己所做的一切都是为了孩子好。这样想着，做起事情来自然就理直气壮了许多。

案例分享

初二的明明近来十分烦恼，他特别喜欢音乐，没事儿时就喜欢唱歌弹吉他，而且还和学校的几个朋友组建了一个小小的乐队。可是，好景不长，妈妈告诉明明，从这周六开始，以后都要去辅导班补习数学，将来参加市里的数学竞赛。

明明告诉妈妈，自己的数学成绩还不错，但是对于数学竞赛并没有兴趣，想继续学习吉他。

没想到妈妈勃然大怒，对他大声吼道："学吉他有什么用？能考进重点大学吗？天天就知道浪费时间！"

明明委屈极了，争辩道："音乐也有用处的，可以帮人们释放压力，而且，我将来也可以考音乐学院的！"

谁知，妈妈并不听他辩解，依然还是报了数学补习班，明明只能背起沉重的书包去参加补习。一个月过去了，妈妈发现明明的数学成绩不但没有进步，反而退步了不少，而且，明明回到家也无精打采的，不像以前那样活泼了。

父母总是喜欢帮孩子做决定，还美其名曰“一切都是为了孩子”，从表面上看，父母是在围着孩子转，而实际是孩子在围着父母的意志转。父母们不是把孩子的意愿放在首位，尊重孩子的个性、人格、兴趣，使孩子有充分发展的空间，而是把自己的愿望当成孩子的意愿强加在孩子身上，甚至以武力强迫孩子就范。

教子有方

教会孩子如何选择是一件非常重要也是非常必要的事情。从一定的意义上说，其实人生就是选择。选择不同，人生就不同。所以有必要在日常生活中告诉孩子该如何去选择。

那么，怎样才能做出真正有利于孩子的选择呢？培养孩子的选择意识。选择的意识不是天生的，需要父母在日常生活中教会孩子。在日常生活中经常给孩子选择的机会很重要，这样孩子渐渐就会养成一些自己做主的意识。

1. 让孩子在体验中成长

在一些事情上，父母可以不给孩子太多的建议，而是让孩子自己去体验、比较，在几种结果中，孩子会获得自己的选择。

2. 不要对孩子管得过细

父母总是觉得孩子的一切事务都是自己责任范围内的事情，这样最容易导致对孩子管得过严过细。孩子的路总归需要他自己去走，父母又能够伴随孩子多久呢？

孩子们需要自由选择的空间，给孩子选择的权利，说起来容易，但要父母心服口服地去做，并不是一件容易事。如果您希望孩子的未来是一片蔚蓝的、可以展翅翱翔的天空，那么就从现在开始在家庭教育中给孩子选择的权利吧。

父母心经

孩子终归要离开父母，开拓比父辈更广阔的发展空间。为了培养有主见、有责任心的孩子，请家长们不要按自己的人生理想、价值观念和行为方式来塑造自己的孩子，而是考虑了孩子本身的素质、兴趣，给孩子选择的权利！

鼓励孩子多接触新鲜事物

把自己的一生都献给了对未知事物的探索的牛顿曾经说过：“我们能体验到的最美好的事物，便是神秘的。神秘的事物是所有艺术、所有科学的真正源泉。”但是许多人都习惯于把未知的事物等同于充满危险的事物。人们认为，生活的目标就是应付确定的事物，也就是使自己总是清楚自己要走向何方。人们认为只有傻瓜才会冒险去探索生命中的未知领域。

案例分享

有一位名叫莱特的主教，每年访问一所小型的天主教会学校。有一次，主教跟校长一起吃晚饭。席间，主教认为耶稣很快会再度降临，原因是一切事物的本质都已被发现，而所有可能的发明都已发明了出来。然而校长却不同意，他认为，在未来的50年中，会有许多意想不到的发明，人类会飞上天去。

“胡说八道！”莱特主教说，“只有天使可以飞。”

这位主教有两个儿子，也就是日后有名的莱特兄弟。

如果我们愿意，我们能够尝试所有的未知领域。如果我们充分地相信自己，那么，我们就能开展任何活动。没有任何事情会与我们格格不入。

传说在浩瀚无际的沙漠深处，有一座埋藏着许多宝藏的古城。人们要想获取宝藏，必须穿越沙漠，战胜沿途数不清的陷阱。

很多人对沙漠古城价值连城的财宝心驰神往，却又没有足够的勇气和胆量去征服沙漠以及杀机四伏的陷阱。这批珍贵的财宝，就这样在沙漠古城里埋藏了一年又一年。

有一天，一个勇敢的人听爷爷讲了这个神奇的传说，决定去寻宝。勇士准备了干粮和水，独自踏上了漫长的寻宝之路。

为了在回程的时候不迷失方向，这个勇敢的寻宝者每走出一段路，便要做上一个明显的标记。虽然每前进一步都充满艰险，但勇士最终还是找出了一条路。就在古城已经遥遥在望的时候，这个勇敢的人却因为过于兴奋，一脚踏进爬满毒蛇的陷阱，眨眼间便被饥饿的毒蛇吞噬。沙漠再次陷入寂静。

过了许多年，终于又走来一个勇敢的寻宝人。他看到前人留下的标记，心想：这一定是有人走过的，既然标记在延伸，说明指路人安全地走下去了，这路一定没有错！沿着标记走了一大段路，他欣喜地发现路上果然没有任何危险。他放心大胆地往前走，越走越高兴，一不留神，也落进同样的陷阱，成了毒蛇的美餐。

最后走进沙漠的寻宝人是一位智者。他看着前人留下的标记想：这些标记可不能轻信，寻宝者为什么都一去不复返了呢？智者凭借自己的智慧，在浩瀚无际的沙漠中重新开辟了一条道路，他每迈一步都小心翼翼，扎实平稳。最终，这位智者战胜了重重险阻抵达古城，获得宝藏。

智者在临终前对自己的儿孙说：“前人走过的路，并不一定通往胜利。不可迷信经验，已经被踏平的大路尽头，绝没有价值连城的宝藏供我们采掘。即使原来真有宝藏，也早已被那些更早踏上这条道路的人采掘干净了。”

由此可见，在生活中，大部分人的生活都是十分谨慎的，他们总是待在自己所熟悉的地方，从事自己所熟悉的工作，并且避免一切未知的领域。

我们国家的早期教育往往以牺牲人们的好奇心为代价告诫人们要谨慎，并往往以牺牲人们的冒险精神为代价告诫人们要注意安全，逃避有疑问的事物，待在熟悉的领域，绝不要迈到未知的领域去。这种教育方式导致人们不敢轻易地去尝试未知的事物，从而使人们无法完整地发挥自己固有的潜力。

教子有方

当一个人还是对世界上的一切都充满了好奇的孩子时，就被教导着要对任何事情都有充分的准备。但是，人们怎么能为未知的事物做好准备呢？就因为人们对未知事物无法做好准备，所以，人们学会了避开未知的事物，人们认为这样就避开了无数的麻烦。注意安全，不要冒险，是大多数人从小就一直被灌输的教条。

然而，人们对所有确定的事实总会感到厌烦。因为如果人们每一天都会知道第二天的生活是什么样子，人们就会失去感受生活的乐趣。每一件事都知道确切的答案，人们就不可能得到发展。同样，不去探索未知的领域，人类也就不会进步。

假如不在思考方式上进行调整，不会独立思考，因循守旧，就不能找到属于自己的道路，在生活中就会遇到障碍。

安于现状，不去涉足未知领域，日复一日、年复一年地以相同的方式去做相同的事情，直到我们终老病死为止，这也是一种生活方式。然而，这种生活方式往往会限制我们的思维，只有开阔思路，开拓新的领域，才会使我们发展意想不到的能力。

住在农村的，可带孩子去城市，让他们认识认识城市的建筑、交通等设施；住在城市的，可以带孩子去农村走走，让他们认识认识农作物、家畜、家禽，欣赏欣赏田园风光，了解花鸟草虫的生存特性等。认识事物越多，想象的基础就越坚实，就越有可能触发新的灵感，产生新的想法。那种只想把孩子关在家里，只想让孩子写字、画画、背诗的方法，只会把孩子培养成书呆子，绝不可能培养成有创新能力的人。

父母心经

知识是一切能力的基础，没有知识，对外面的世界一点儿也不了解、不熟悉，即使智商很高，也是不会有创新能力的。家长要根据孩子的年龄大小和生活环境，经常利用节假日带领孩子接触各种新鲜事物，并且鼓励孩子勇敢地去探索自己感兴趣的领域。孩子探索得越多，知识面就越广，眼界越来越丰富，才会拥有精彩的人生，成为更优秀的自己。

允许孩子的兴趣不够专一

随着家庭教育中民主意识的增强，家长朋友们都懂得尊重孩子的选择，但这也带来了一个问题——小孩子的兴趣变化频繁，今天喜欢画画，明天可能就喜欢去练跆拳道，这让一部分家长无所适从。

案例分享

兰兰5岁多了，是个兴趣广泛的小姑娘，无论什么事都很感兴趣，所以，妈妈先后给她报过舞蹈、美术、游泳、珠心算等兴趣班。刚开始学的时候，她的兴趣很浓厚，比如珠心算，刚学珠算时，回到家就拿着算盘打，打出一个数来就高兴得手舞足蹈的。学舞蹈的第一节课，因为表现突出，老师几次叫她上去做示范。可是学了一段时间，她就没兴趣了，不想去上课，不想做作业，后来甚至为此而哭闹。

学游泳的过程尤其明显。当时妈妈给她报游泳班时，征求过她的意见，她同意了。但是，毕竟她是个胆子比较小的孩子，所以，上第一次课时，妈妈的心都悬着。那天幼儿园放学，妈妈去接她，她高兴地对妈妈说："我今天游泳了，特别好玩，我下次还想去！我们班有两个小男孩哭了！"妈妈大大松了口气，以为此后一切顺利了。谁知道过了一个月，她开始跟妈妈说"要是不报游泳班就好了"之类的话，妈妈说："你不是游得挺好的吗？你看，你那么爱漂亮，游泳后身材好，穿什么衣服都漂亮！"兰兰也表示同意。

就这样，兰兰又上了几次课，情况也还凑合。可谁知，有一天晚上，她又因为这事哭了，而且半夜醒来还哭。甚至老师向她保证不让她下水，只让她在旁边看着，她都不肯去。妈妈没想到游泳会让孩子压力这么大，可还在犹豫要不要让她接着练。

有一天妈妈送她上幼儿园，年轻的老师跟她开了句玩笑：明天去不去游泳啊？没想到她一听这话，连教室门都不肯进了，眼睛也红了，哄了半小时才肯进教室。

妈妈看兰兰这么紧张，彻底打消了让她接着练的念头。

其实，孩子兴趣多变，这是他们年龄段比较正常的心理现象，一般孩子都有这样的心理特点。一般而言，5 岁的孩子对这个世界的兴趣刚刚开始萌芽，他什么都好奇，却小心翼翼，对什么事情都浅尝辄止，兴趣的转移也如三伏天气，这就是为什么谚语会说“三伏天娃娃脸”。

教子有方

对孩子来说，理性是一种抽象的东西，经过实践、探索才能成长。孩子对这个世界的好奇就像我们旅游观光，他会被一种新鲜的运动吸引，会有一段时间的痴迷和兴奋。但很快，新的兴趣吸引了他，他开始厌倦旧的行为。如果孩子可以自然地交替这些好奇和兴趣，转移自己的兴奋点，他对这个世界的接触、感知、喜欢就会很快得以完成。

在这个过程中，父母要做到以下几方面。

1. 多观察孩子，分析孩子兴趣变化的原因

家长要关注孩子学习过程中情绪的变化，孩子学了一段时间后说“不感兴趣了”，家长需要分析其中的原因。也许调整一下进度，换一种练习方式，让孩子体验到一次成功，他的兴趣又会重新燃起。

2. 及时肯定和表扬孩子的进步

一旦孩子表现出某种健康的兴趣，家长应及时给予强化，使之持久巩固。当孩子有了进步时，家长要及时肯定和表扬孩子的进步，让孩子尽可能地体验到成功的喜悦。

比如，当家里来客人时，让孩子当着客人的面弹上一两首曲子或跳一段舞蹈，这些对孩子而言都是极大的肯定和认可，从而使他对所学的东西产生更大的热情和更高的积极性。

3. 利用好奇心，迁移孩子的兴趣

想让孩子学弹琴，而孩子偏偏要学画画，这时家长就应该从孩子很浓的画画兴趣中去观察发现与弹琴相关联的兴趣，并把它们联系在一起。让孩子在高高兴兴的活动过程中，去接触和了解认识目标兴趣的内容，从而使兴趣产生转移。

4. 抓住孩子的从众心理

孩子的兴趣会受到周围人的影响，随着同伴的兴趣而发生改变。兴

趣是可以“传染”的，对于孩子来说，尤其如此。一个孩子投入地做一件事情，经常会引得其他的小朋友纷纷加入。如果希望孩子保持对某种兴趣班的热情，最好多让他和那些也喜欢上这种兴趣班的孩子共同切磋。

父母心经

孩子的兴趣往往是不稳定的，如果孩子能做到善始善终，不半途而废当然最好。但是家长决不能逼着孩子去学习，让孩子从小承受太大的压力，精神紧张，就得不偿失了。

音乐，让孩子更精彩

孩子满怀着好奇和探究的心理来到这个世界，他们睁开眼睛就要寻觅鲜艳、明快的色彩，看五彩缤纷的世界；竖起耳朵就要倾听母亲的声音和环境中丰富多变的音调。美丽、鲜明的色彩与图案可以满足孩子视觉的需要，而优美动听、欢快活泼的音乐便满足了他们的听觉需要。

一所实用音乐学校经过多年的实验研究发现，在该校受过良好音乐启蒙的孩子到了成年以后，仍然保持着强烈的好奇心，他们会对周围的音乐活动及所有富于创造性的活动形式抱有很大的热情，在生活中勇于克服困难，不怕失败。更主要的，这些学生都成了一个个独立的人。他们认为，这便是音乐启蒙的成就。音乐启蒙的意义就在于保护和不断发展儿童的创造想象能力，使之不至于随着年龄的增长而丧失。

案例分享

爱因斯坦从小酷爱乐器，他对乐器的爱好是受他的母亲的影响。母亲波琳·科克在爱因斯坦很小的时候就对其进行了启蒙教育，每当母亲坐在钢琴前弹奏悦耳的曲子时，小爱因斯坦总是静静地坐在那里听得很入迷，母亲也感到孩子有很强的音乐感。

在爱因斯坦 6 岁的时候，母亲就叫他拉小提琴。随着时光的流逝，爱因斯坦对小提琴渐渐入迷，后来，小提琴成为他一生的至爱。虽然当时爱因斯坦在练小提琴时也感到很苦、很累，因为传统的小提琴教授法需要初学者一连几小时反复、机械地进行弓法练习和指法练习，但是，在 13 岁之后，他就懂得了和声与曲式的数学结构，体会到了演奏莫扎特作品的技巧和奥妙。琴弦和心弦共鸣，他一生中的科学和艺术生涯也开始了。

曾经有人说，爱因斯坦能够取得极高的成就，与他学习小提琴与很大的关系。这话有一定的道理，因为演奏乐器是一种细腻的艺术形式，它无处不在的张力能够使人的想象力和理解力发挥到极致。正是拉小提琴让爱因斯坦在数学的王国里能够自由、有创意地想象，正是拉小提琴让爱因斯坦在物理学深奥的理论中找到自己的思路。

教子有方

培养孩子的音乐兴趣要从以下几方面做起。

1. 从婴幼儿时期就开始培养

当孩子还处于婴幼儿时期时，就要培养孩子的音乐兴趣，可以给孩子常听一些优美动听的歌曲，父母也要经常唱歌给孩子听，让孩子生活在优美的音乐世界中。

2. 为孩子选择合适的音乐

在不同风格音乐的选择上，简单、上口、优美、无伴奏的曲调或歌曲对儿童最合适。选择孩子们感兴趣的主题尤佳，歌词也应与孩子的世界相关：富有想象力和创造性，充满美好的、天真烂漫的思想。专家们很推崇民歌，因为民歌是“词与曲完美联姻的产物”，旋律是“自然地浮出于语言”。当然，任何事物都是“物极必反”。也没有必要整天让孩子生活在音乐的背景中，这也不利于健康。适当的静寂气氛能提高孩子的听觉分辨力。在安静的环境中，孩子能集中精力去听。总处在强烈声音刺激的环境的孩子会排斥音乐，也就失去了音乐潜能发展的机会。

3. 引导孩子与音乐的节奏合拍

人体是一个天然的节奏乐器，可以用它“奏”出许多好听的节奏乐，比如拍手、拍腿、跺脚、奔跑、点头等。但是这些动作孩子不可能生来就会，因为它还受到孩子动作能力的发展、大脑控制协调能力的提高等因素的制约。如果我们能够尽早地鼓励孩子通过自己的身体活动去发现他们自身的身体节奏，从而充分利用身体这一天然打击乐器，去更好地感受各种节奏，提高节奏感，这对于提高大脑对身体动作的控制能力，增加动作的协调性，使动作更加优美而富有韵律感，是非常有用的。

4. 让孩子自由地选择乐器

当孩子有机会玩简单的乐器时，音乐的体验对其大脑的发育非常重要。因为音乐是自身以外的东西发出声音，孩子就会极其兴奋地参与到音乐活动中。孩子会试着用乐器发声，用此方式来表达自己。当用鼓、铃铛、韵律棒等小乐器即兴“创作”时，孩子能够逐渐摸索出他们创造各种声音的能力和这些声音之间的关系。当一个孩子是按父母的意志去演奏某种乐器而自己又不愿意时，就会有压力，会适得其反。所以，让孩子自由地玩乐器，并从中得到乐趣，对孩子兴趣的培养是很重要的。

父母心经

音乐有着启迪智慧、教化人类种种了不起的功能，必须让孩子喜欢音乐、倾听音乐、理解音乐，从听觉到心灵都沉浸在音乐之中。这样，孩子才能真正感受到音乐中流淌着的智慧和人格的力量，才能真正被音乐打动，从而使灵魂得到升华，更加高尚，更加有智慧。

第六章

走进孩子的心，做孩子的“大朋友”

作为父母，要想走进孩子的心，首先就要放下家长的架子，试着和孩子做朋友，这样，孩子才会敞开心扉。很多父母抱怨孩子长大后与自己无话可说，其实是父母和孩子彼此不了解，父母总以大人的眼光看待孩子，对待孩子“专制”粗暴。所以，父母们不妨试试和孩子交朋友，不过多干涉孩子，用真诚打动孩子，努力做孩子的“大朋友”。

努力做孩子的“朋友”

现代的好多父母既抱怨自己的孩子不听话，又不敢过分严厉地对孩子。我们既不会提倡用古代那种不能违背父母言行的观念来管孩子，也不倡导宠溺孩子，由着孩子的性子。其实父母和孩子只要相互成为朋友，做父母的多倾听孩子的声音，他们就会放下畏惧，大胆地向我们敞开心扉。

案例分享

小娟的妈妈带着她去爬山，爬到山腰，小娟突然挣脱妈妈的手说：“妈妈，那里有很多好看的鲜花。”妈妈说：“如果你想看，你就去看吧！”小娟跑过去，蹲在一簇鲜花前，脸贴着鲜花，说了很多悄悄话。妈妈等孩子站起来后，奇怪地问她：“你刚才在干什么呀？”她说：“我和卖花的姐姐在说话呀，我告诉她好多事情呢！”妈妈又问她：“说了些什么呢？”她说：“我告诉她，她的花长得好美丽，我问她愿不愿和我交朋友。”妈妈问：“那你为什么蹲下去？”她说：“站着说话怕她听不见。”妈妈牵着孩子的手，看着孩子的眼睛说：“我也蹲下来和你说话，好不好？”这时小娟眼里闪动着兴奋的光芒，大声嚷着：“噢，太好了，我和妈妈一样高了！我们是朋友了！”妈妈说：“我俩到山顶看看去，来看谁先到达山顶。”小娟留下一串笑声，和妈妈一起跑向山顶。

这故事很明白地告诉父母，只有和孩子们拉近距离的时候，才能更好地实现心灵的沟通，这也是父母走进孩子内心世界的捷径。孩子小时候，有着丰富的想象力，可是由于语言逻辑性差，往往是滔滔不绝说了半天，却还是词不达意。但他希望父母知道他在说什么，想什么。在这时候，孩子常常是一本正经，两只眼睛瞪得圆圆的，一副郑重其事的样子。

教子有方

人与人之间的交往本来就应该是平等和谐的。这是一个很简单的道理，与孩子交往也是如此。但身为家长的我们有时却把它想得过于复杂。总感觉家长就得有家长的威严，家长的地位。当孩子的就应该从小对自己表现出惧怕和尊重，结果却把事情弄得越来越糟。

父母的态度对孩子的影响是非常重大的。孩子年幼的时候，往往会因为父母的一句话而暗自努力，也往往会因为父母的一句话而失去信心，从而产生自暴自弃、破罐子破摔的消极态度。不管怎样我们都要明白，孩子也有孩子的思想，他是独立的一个人，我们没有必要因为自己的年龄大，又是他的家长，就强迫他去做自己不想做的事情。相反，我们应该多多引导孩子，与他站在一个平等的位置上，遇事要用商量的口吻，我们与孩子的沟通才会更加顺畅，生活也因为相互尊重而充满快乐。

现在的孩子大多是独生子女，在很多方面他们是孤独的，缺少同龄的玩伴，缺少朋友的关心，这就要求父母担当朋友的角色，与他们一同分享成长道路上的喜怒哀乐。陪孩子一起游玩的时候，不要总摆着一副家长的架子，相反我们应该俯下身子，甚至趴着和他们一起玩耍。

当孩子提问题时，我们要认真倾听，认真解答，使孩子觉得游玩不只是玩乐，还能学到很多东西，孩子的身心得到陶冶，我们还能得到孩子的喜爱和尊重。当孩子进步的时候，我们就应该与他一起分享成功的喜悦；当他因为一些事情而不开心的时候，父母应该成为孩子最好的听众。当然，父母有的烦恼也可以拿出来向孩子倾诉，让孩子为你排忧解难。

有些父母对孩子，像是上级对下级那样，并强调他们自己的观点与尊严，不顾及孩子的想法，他们认为父母从来都是对的，而孩子从来都是错的。这样做，不仅得不到孩子的认同，还容易引起他们的反感，破坏父母在他们心目中的形象，因而达不到预期的教育效果。

父母心经

其实，父母和孩子的交往，应该是平等和民主的，而不应是独断的。首先在家庭中，在教育过程中要尊重孩子。孩子在家庭中扮演的虽然是子女的角色，但与父母一样，他们的价值和尊严，同样应该受到尊重。总之，在生活中要尊重孩子，父母要把自己放在一个平等的角度来与孩子交往，才能在教育孩子时，让孩子对自己更加信服。

要做孩子的朋友，既要对孩子严格要求，善于从日常生活中发现问题，随时给孩子引导和指引；又要把孩子作为平等的伙伴，与孩子一起学习一起玩，尊重孩子的一切；还要给孩子切实到位的帮助，让孩子心里踏实，心理上有安全感，健康长大。

知道孩子的需求

孩子像个谜，深深地吸引着父母，同时也困扰着父母。他每一天都发生着变化，每一刻都在寻求刺激，每件事都令他感到好奇，任何例行事务都可能变成他的探究活动。他似乎有使不完的劲，似乎总有出人意料的举动。其实，在很多情况下，孩子需要的只是一个忠实的“听众”，所以，很多时候在孩子面前，做父母的最好“沉默是金”，千万不要让孩子成为“语言垃圾”的承载者。

案例分享

父母一心希望孩子长大后能考上名牌大学，因而不惜一切代价对孩子精心培育，创造一切条件让孩子好好学习。可孩子的学习成绩总是不理想，孩子常感到压力很大，成天心事重重，惶恐不安，担心自己考不好，对不起父母，他多么希望父母能够理解自己，听听自己的心声呀！可父母没有给他机会，只是一味地给他提供舒适的学习环境，这样反而更加重了他的思想负担，从而导致他拿起书本就头痛，听到考试就想哭，还不停地问父母：“我的成绩不好该怎么办呢？这要紧吗？”父母为此也非常难过。

显然，语言不是孩子表达需要的主要手段，他们更多的是用行动，他们缺少语言这个人类主要的沟通手段，但好在孩子有着强烈的表达和实现内在需要的本能。他们从拥有生命的第一刻起，就有能力用行动来表达自己。孩子竭尽所能地提供给成人与之沟通的信息。只要我们愿意，我们并不缺少理解孩子需要的机会。我们的困难在于，我们常常容易武断地认为孩子的行为是无意义的、无价值的。

教子有方

孩子从出生之日起就融入充满爱的家庭氛围之中，父母是孩子最亲密最值得信赖的人。因此，父母在一定程度上是了解自己的孩子，并能说出他的一些特点的。但是父母的看法并不一定是准确和全面的，也不一定能够考虑到孩子各方面的特点；或是因为经常和孩子待在一起，对孩子的一些行为表现会熟视无睹或视而不见；或是忙于事业发展，为生活琐事所累，很少能抽出时间专门去观察、研究自己的孩子。

父母要了解自己的孩子，可以从以下几方面做起。

1. 用心去观察孩子

用一颗细腻的心去观察孩子，这是了解孩子的第一步。随着孩子的成长，他们与父母的想法逐渐出现了差别，有了隔阂，因此，父母应时刻注意一步一步地去试探孩子，时刻关注孩子的内心活动。

2. 勇于表达对孩子的爱

你可以为孩子做的最容易但是又最重要的事情，就是让他知道你是多么爱他、在乎他，他快乐的时候你是多么幸福，他危险的时候你有多么担忧。研究表明，经常获得父母的爱的表示，可以使孩子在经历失望、沮丧和其他不愉快的时候仍然积极地面对生活，并且寻找办法来处理和脱离暂时的困境。

但是令人惊奇的是，许多孩子根本不知道他们的爸爸妈妈有多么爱他、在乎他，而这恰恰是因为他们的父母没有向他们传达这种信息。的确，对于传统的中国家长来说，让他说出类似于“你是我生命中最重要的”这样的话有些困难，但是，它对于孩子来说是非常重要的。

3. 了解孩子的个性

成为好父母的精髓在于，真正了解你孩子的个性，并以此来调整你教育他们的方法。没有两个孩子是完全相同的，所以用心去了解你家孩子的个性，用最适合他的方式来对待他，那样将会把困难和矛盾减到最小。

比如，如果你的孩子是那种容易兴奋的类型，那么你就应该避免在晚上让他做激烈运动，否则将会使他很难入睡；相反，你可以引导孩子做一些相对平静的活动，来帮助他培养睡意。也许，你的孩子在转换状态和情绪的时候有些困难，那么在离开游戏场之前，你提前做好暗示，这样在付诸行动的时候，孩子可能会容易接受一些。

4. 倾听孩子的心声

“沉默是金”，在与孩子沟通时，“听”比“说”更重要。许多父母抱怨：“孩子那么小就心事重重的，不知是为什么？”“我怎么也搞不懂孩子脑子里在想什么!”其实，每个人都没有看透别人心思的本领，那么，好好听人说话就是了解他的最好方法了。只有了解孩子，才能有效地教育孩子、引导孩子、帮助孩子。

父母心经

如果父母对孩子有了足够的了解，就能够在关键时候帮助孩子做出重大的抉择，帮助孩子决定他未来要走的路。

人生无论有多少条歧途，总有一条是通向梦想的阳光大道。当孩子在学习的道路上遇到十字路口而徘徊时，首先要让他对自己有一个充分的了解，然后再引导孩子选择最适合他自身的道路。

要勇于放下家长的“架子”

在教育孩子时，父母们早已习惯了站着说话，对孩子发号施令，把自己的思维和主观愿望强加到孩子身上，而很少考虑到孩子内心的想法。当自己的愿望与孩子的想法产生碰撞的时候，父母就会对孩子大失所望，然后强制孩子按自己的意愿行事，根本不会考虑孩子的感受。

案例分享

一天，张女士接到学校老师的电话，说儿子在学校和人打架了，被

扣在学校，老师让家长到学校领人。张女士听完电话既着急又生气，儿子这样不听话，回去一定要狠狠教训他。

一下班，张女士就急匆匆地赶往学校，一路上都在想着一个问题：到底是好好地把儿子修理一番，还是用别的方式教育他？如果我打儿子一顿，难道就真的能收到预想的教育效果，保证儿子以后不再打架了吗？

有了这样的念头，在学校见到儿子之后，张女士并没有大吵大闹，而是平静地把儿子带回了家。回家之后，张女士也没有发泄自己内心的情绪，而是耐心地帮儿子在伤口上贴上创可贴，并且下厨为儿子做了可口的饭菜。

当儿子一口口吃着饭菜时，张女士才开口跟儿子聊天，诉说自己是如何担心儿子，如何盼望儿子早点回家。

听着听着，儿子的声音哽咽了，哭着扑进张女士怀里说：“妈妈我错了，对不起，我以后再也不打架了，再也不让妈妈为我担心了。”听了儿子的承诺，张女士抚摸着他的头会心地笑了。

张女士从孩子的角度出发看待孩子的过失，使孩子感受到妈妈对自己人格的尊重，感受到他与妈妈在地位上是平等的，从而从内心深处被深深感动了。

其实，家长和孩子的交往，应该是平等和民主而不应该是独断专行的。作为父母，我们应该放下家长的架子，努力和孩子成为朋友，只有做到这点，才能使孩子敞开心扉来与你沟通。

教子有方

无论孩子的想法多么幼稚，也无论他的观点听起来有没有道理，父母都要学会耐心地倾听和面对，给孩子尽情释放的机会。父母不应该摆出唯我独尊的架子，相反应该学会多问自己几个为什么，比如孩子为什么会产生这样那样的想法，孩子为什么会认为自己的想法有道理，孩子为什么不赞同父母的看法。有了这些疑问，父母就可以对孩子进行一个客观的分析，找到问题的症结所在，然后对症下药，通过各种方法来引导和改变孩子的错误思想观念，使他们茁壮成长。

只要这样做了，父母与孩子之间的沟通和交流才会愈来愈通畅，而不是越来越阻塞；也只有这样，父母对孩子的教育才会步步为营，而不是异常艰难；父母同孩子之间的紧张关系才会不断地改善，家庭才会越来越和睦。我们常说“家是休息的港湾”，这句话不仅针对成人而言，对父母来说如此，孩子们也需要家的温暖和保护，这样他们才会更加安心，更加幸福。

父母心经

在现实生活中，有许多父母喜欢用成人的思维方式来看待孩子的行为，孩子有失误，就对孩子进行指责和批评，这是不正确的。我们小时候，乃至于现在，总是会犯下这样那样的错误，孩子又怎能是个例外呢？

孩子本身就是一个独立的个体，有自己的思想，自己的人格和尊严，他们都希望父母能够给予他们尊重和平等对待。父母只有和孩子站在同一水平线上，孩子才有可能感受到平等。如果我们能够多拿出一些宽容，多拿出一些体谅，放下自己做家长的架子，那么孩子的进步就会很快，逆反心理就不会在他们身上发挥作用，他们也完全可以顺利地改掉自己身上的毛病，而且不会再犯。

别过多干涉孩子

儿童世界是一个相对独立的世界，孩子们有特定的价值观，对待友谊、成败等都有自己的看法，对社会这个大环境有自己的定位，并已逐渐形成自己的一套处理方式。所以，大人不宜过多干涉孩子的事情。父母无疑应给予孩子正确指导，帮助他们学习正确处理各种关系，但要避免独断专行，或越俎代庖，剥夺孩子根据自己的意愿建立人际关系的机会。

案例分享

乐乐虽然才 11 岁，却是一家夏令营的辅导员助手。由于她公正、热情、待人细致周到，这是第 3 次被聘到夏令营做助手，照顾年幼的夏令营成员。妈妈一向相信乐乐的自理能力和出色的社交能力，对她整个暑假都在夏令营生活很放心。这天妈妈忽然接到乐乐的电话，妈妈很高兴地问她情况怎么样，乐乐却有些情绪不佳。

“亲爱的，有什么不对吗？”

“妈妈，我们原来的辅导员走了，新来的辅导员莉莎小姐很粗鲁，对我们这些工作人员很厉害。”

“那么她怎样对你厉害了呢？”

“今天早晨我没有在规定的时间内将我的队员召集到早餐处，她竟当着全队人的面，将我训斥一番，让我在队员面前抬不起头。”

乐乐的声音有些沙哑了，妈妈很为女儿难过，“你是义务去帮助他们的，她没有理由这样对待你，我马上给你们的营长打电话，叫她去同你的辅导员谈谈，好吗？如果不行的话，不如辞了工作回家来，反正假期里应该休息一下。”

妈妈心疼女儿本没有错，但妈妈在女儿面前这样评论辅导员的行为，会使乐乐更加认为自己是委屈的，从而不肯反思自己有无责任，辅导员在她心目中的形象进一步恶化，从而对今后她们之间的工作关系不利。妈妈毕竟只听到女儿的一面之词，并不了解全部过程，急于发表意见是不妥的。

更加错误的是妈妈提出要亲自找夏令营的负责人谈这件事。女儿与上级的关系应该由女儿自己来处理，妈妈在这里不应介入其中，剥夺女儿处理问题的权利。

教子有方

孩子作为一个社会成员存在，需要与社会发生关系，人与人之间的关系便是其中最为基本的关系之一，要培养出一个完整的、有现实意义的个体，孩子们需要接触尽量广泛的社会层面，与各类人物交往，因而他们可以学会如何判断评价人物，积累与人交往的经验。而父母的职责是给予孩子足够的指导，使他们能够正确地看待人与事物。

在上述案例中，当女儿向妈妈述说自己的遭遇时，妈妈当然不能毫无表示。女儿感到委屈，心情不佳，妈妈应提供安慰与同情："亲爱的，我可以理解，你一定觉得很不好过，但愿同妈妈谈谈可以使你的心情好一些。"再往下妈妈可以做的是帮助女儿分析一下整个事件的始末，让女儿反思一下自己在事件中的责任，同时也要对局势的可能变化进行一些讨论。

每一个人都是在家庭和社会的形形色色的关系会中长大，这形形色色的关系会给予孩子不同的影响，在他们的人生旅途中起着举足轻重的作用。作为父母自然希望他们在一个理想的社会环境中成长，但究竟什么样的环境才是理想的环境，却各人有各人的看法。我们所要培养的孩子应当能在现实社会环境中生存，并且能适应环境，即使我们可以为他们提供一个符合父母设想的成长环境，也无法阻隔他们与现实生活及其生长环境的接触。

父母心经

社会是现实的，我们应当允许我们的孩子有机会接触生活的各种侧面并学会对付它们，而不是将他们与真实隔离开来，用我们的希望来操纵现实。与社会现实相通的最关键的方面就是与各类人、事打交道，父母无疑应给予孩子正确指导，帮助他们学会正确处理各种关系，同时取优避劣。但在具体实行上要避免独断专行，或越俎代庖，剥夺孩子根据自己的意愿建立人际关系的机会。

用真诚打动孩子

和孩子相处的时候你会不禁感慨道：“现在的孩子一个个都是鬼精灵，千万不要因为他们是孩子就小看他们。”所以在和他们的交往中，父母不要总把他们当孩子看，更不能因为他们是孩子就让他们享受一些特殊待遇，我们要成为孩子的朋友，要学会和他们以诚相待。

案例分享

晚上，米来因为儿子不愿意收拾玩具而和孩子闹僵了，儿子不愿意理她。晚上睡觉前，儿子在床上自言自语：“有时我生气，有时妈妈批评我，爸爸也批评我，爸爸妈妈的脾气都不怎么好。我觉得不要批评人最好，书上说，不要随便批评别人，也不要随便生气。”

儿子的话让米来的脸发烧，她问：“为什么妈妈爸爸批评你呢？”儿子老实地回答：“因为我做得不对，有时我会做错事的。”这时候米来乘胜追击地问：“如果你做错了，爸爸妈妈不批评你，可以吗？”

儿子的回答大大地出乎她的意料：“可以，你们可以说我：‘这次做得不对，不过不批评你，你要好好改正，下次不要这样了。’我就会改正的，我也不会生气的。”

这时候米来的脸一下子就红了——为什么我当时就没意识到呢？然后沉着地回答：“这样说话真好，我要好好学，谢谢你！但如果你老是错，我们大人也不可以批评你吗？”

也许儿子感觉到她的话语咄咄逼人，没有回答。为了打破僵局，米来引导儿子：“可以批评，但不可以骂人，对不对？”

“对，骂人不好。”

“我也同意你的说法，骂人太不好了，我和爸爸就从来不骂人的。我觉得你的想法和我的做法都很好，你做得对，妈妈跟你学；妈妈做错了，你也一样批评教育妈妈了，不是吗？”

儿子疑惑不解地问：“你跟我学？”

米来笑了笑，立刻列举了儿子一大堆的优良行为：“当然是呀！你天天写日记，天天晚上刷牙，天天早早起来叫妈妈起床，天天帮妈妈做家务，这些都是好事，妈妈都跟你学了。假如你发现爸爸妈妈有做得不对的地方，记得提醒我们，知道吗？”

儿子爽快地答应了：“知道了！”

教子有方

父母要用真诚打动孩子，要做到以下几点。

1. 在孩子面前要勇于承担责任

与孩子同行的家庭生活中，应本着公平原则，不要把过错全推给孩子，事情出现了，不能总对孩子说：“都怪你。”因为这种态度只能让孩子感到紧张委屈，从而滋生自卑感。当然也没必要把错误揽在自己身上。心理学家认为，恰当地承担责任是一个家庭心理健康的标志，也是和睦相处的必要条件。

2. 不要对孩子妄加评论

在家庭生活中，父母应该给予孩子独立自主的权利，这个世界上没有任何人会永远和你在观点上保持一致，何况是孩子。尽管他们的想法可能难以实现，尽管他们的理想在大人眼里是那么荒诞，也要允许孩子保留自己的观点与做法。因为孩子也是一个独立的个体，他们需要表达自己的意思，父母也只有尊重他们的意思，才能知道他们究竟在想些什么。

总之，父母应该同孩子建立起相互信任、相互平等、相互尊重的朋友关系。因为孩子不仅在生活上需要父母抚养，也需要年龄大、阅历广、愿意倾听、愿意给予自己忠告和帮助的忘年之交。

父母心经

倘若父母想要越过与孩子之间的鸿沟，用真诚打动孩子，就必须放下架子去和孩子交朋友，去了解透视孩子的内心世界，父母是孩子第一任老师，但同时更是孩子的第一个朋友，如果孩子真的能把你当成知己和一面镜子，你们的关系就会非常融洽。因为孩子对一个谦逊忠厚的朋友，是不会隐藏自己的，父母对孩子的教育本来就意味着伴随和支持。由此看来，只要父母放下架子，做平等对待孩子的父母，成为孩子的良师益友，就一定会走进孩子的心灵，消除与孩子之间的隔阂。

孩子也有自己的小秘密

孩子长到一定年龄，就会有自己的很多想法和困扰，他们会把它记录在日记本里。由于孩子将这些秘密深深藏在心里，不希望让父母知道，引起了父母的担心和好奇，究竟里面有什么呢？保护好孩子的秘密吧！

案例分享

一天晚上，赵女士的儿子小军写完作业，一边收拾书包，一边小声对妈妈说：“妈，我告诉你个秘密，一定不能告诉别人。”

这时候赵女士的心里“咯噔”一下，猜想着刚上6年级的儿子能有什么秘密，会不会很严重。儿子看赵女士一脸紧张的样子，自己却偷偷地笑了：“不是我，是我的同桌，他把手机带到教室里，上课时偷偷玩游戏，老师要是发现了，会当场把它摔烂的，还会叫家长来学校，后果很严重。所以，这个小秘密，我只告诉你，千万不能跟别人说。”

赵女士见过那个新来的男生，是一家超市经理的孩子，从小比较娇生惯养，爱玩爱动，就是不爱学习，是他的父母动用了层层关系，才勉强挤进这所重点小学的。得知儿子要和他同桌的第一天，赵女士心里就一百个不放心，害怕他的不安分影响到自己儿子的学习。

看来，事情真的有点糟，他居然在课堂上玩起手机来了，赵女士首先想到的就是应该给他们班主任打个电话，但小军却强烈反对说：“不能啊，只有我知道这件事，我不能‘出卖’同学！”赵女士耐心地告诉他，这不是“出卖”，是为了帮助同学好好学习。但小军依然不买账，坚持阻止妈妈这样做。赵女士想：“看样子如果我坚持‘出卖’了儿子的小秘密，以后，我们母子也要从朋友变成敌人了。”

于是赵女士想了想，向儿子保证不会说出去。第二天下班，赵女士特意逛到那个男生家开的超市，找了个借口，打听到了女老板的手机号码，然后给她发了一条短信：“有时间多关心一下孩子，小心他沉迷于游戏，重点小学的校规很严呀！”女经理很快回复了信息：“你是谁？”赵女士回答：“不用知道我是谁，咱们都是爱孩子的妈妈。”女经理最后说了两个字：“谢谢！”

第二天，儿子小军放学回来，急匆匆地问：“妈，你给我们班主任打电话了吗？”赵女士说：“没有啊，怎么了？”儿子松了口气说：“不是你就好！不知怎么回事，同桌的妈妈发现他偷偷玩游戏了，把手机给没收了。”赵女士听了只是笑笑，什么也没说。

从某种角度来说，妈妈赵女士没有“出卖”儿子的同桌，却也没有告诉小军发短信的事，因为一个爱孩子的母亲，也该有自己的小“秘密”。这样一来既成全了孩子为同学保守秘密的愿望，又没有让手机游戏事件影响到自己孩子的学习，这真的是一举两得的好事情。

教子有方

积极进行亲子交流说起来容易，可真的做起来就不如想的那样简单了。孩子成长到一定阶段，就会有自己的各种小秘密。孩子越是不说出来，家长越是好奇担心，于是做了超“规范”的行为——悄悄窥视了孩子日记本里的“小秘密”，导致孩子对父母产生不信任的感觉，这真的很可悲。其实父母不如允许孩子拥有自己的小秘密，通过另一种方式了解孩子在想什么，就可以很好地改善孩子与父母之间的亲密关系。

父母知道了秘密以后，千万要帮助孩子保守秘密，因为这就是孩子的尊严，一旦秘密被戳穿，孩子的心灵就会受到极大的伤害，更让人担心的是，孩子会将自己的秘密深深地放在心里，不愿意再和父母进行交流，这真的很可怕，会使孩子的心情压抑，不愿与家长沟通，失去开朗爱说的天性，很不利于未来的成长。

父母对孩子的爱心是毫无疑问的，但作为父母，一定要留心孩子心理上的稳定。父母要用较适当的方法表达对孩子错误的纠正，对孩子的表现感到反感时，不要把揭穿孩子的秘密当作消除自身反感的手段，这对孩子的心理稳定是无益的。

秘密意味着孩子自我意识的成长。作为家长，如果发现孩子有了自己的秘密，应该感到高兴，这意味着孩子诞生了内心世界，他想拥有自己独立的空间。珍视一颗童心的成长，最好的方法莫过于让他拥有一份独自承担的内心秘密。

秘密是孩子内心的一种珍贵体验。随着自我意识的觉醒，孩子虽然越来越不满于凡事受父母控制、摆布的局面，但是成人世界的强大力量又令他们心生忌惮，于是秘密成为孩子作为弱者的一种自我保护形式。

这种对自己内心世界独享的体验，可以让孩子感受到个体的存在感和价值感。

父母心经

秘密帮助孩子走向独立和成熟。孩子总有一天要走向独立，而拥有个人秘密并能恰当处置是走向独立的要素。对个人来说，秘密往往与责任紧密相连，并且要独立承担责任。从这个意义上讲，拥有秘密是孩子迈向独立和成熟的必经之路，而没有秘密的“水晶人”是永远长不大的，有远见的父母与教师应当允许孩子有自己的秘密。

孩子有秘密是一件值得家长高兴的事情，这证明他正在成长，父母应该允许孩子有自己的秘密，当然也不能对孩子的秘密不闻不问，有的时候像朋友一样交流能够帮助孩子打开心结，也能够让父母更了解孩子，帮助孩子向更好的方向茁壮成长。

第七章

提高孩子承受挫折的能力

人的一生不可能一帆风顺，总会遇到挫折，很多时候，对待挫折的态度决定了一个人的成就。现代的孩子都是家庭中的宝贝，有时难免会娇生惯养，导致承受挫折的能力较差，受不了一点批评和指责。所以，父母要从小培养孩子的抗挫折能力，让孩子正确看待挫折，提高孩子的意志力，这样，孩子才能长久地立于不败之地。

允许孩子犯错

在生活中，家长常忍不住为孩子的错误和失败担心、着急，害怕孩子下次再犯，总是责骂孩子："你到底要这样失败多少次?"可家长是否想过，在给孩子"不许失败"的压力时，他的心理负担会更重，情绪也会一直处于紧张状态，不但不能够从失败的状态中走出来，甚至可能更糟。

案例分享

有一对旅居加拿大的夫妇，全家归国小住时，曾聊到教育孩子的话题，他们讲述了自己的一次经历：

自从他们的儿子进了足球队，夫妇俩便随着他转战各地打比赛。这之中有捧回冠军奖杯的辉煌，也有败走麦城的沮丧，个中滋味，不亲身经历是无法体会的。儿子所在的足球队有个传统，就是比赛结束的时候，家长们要站成一排，伸手与跑过来的小队员击掌庆贺。在一次很重要的足球联赛中，他们队出人意料地输给一个水平不高的对手，家长们都很难过。可一旦面对孩子们，刚才还在为输掉比赛而捶胸顿足的家长立刻笑容满面地跟垂头丧气的小队员击掌庆贺：干得好！

一场本该赢的比赛打成这个样子还说干得好？当夫妇俩痛心疾首地向同队一位家长表达惋惜之情时，那位加拿大家长耸耸肩说："没关系，他们还是孩子，从这场比赛中可以学到很多东西。我很在乎孩子的成功，但我也尊重孩子失败的权利。"

孩子虽然失败了，但是他获得了"痛苦的体验"，将来就知道如何去避免，同时也有了挑战困难的契机。孩子从失败走向成功的过程，就是一个锻炼自身、慢慢成熟的过程，良好的心理素质和解决问题的能力会在这个过程中培养出来。

教子有方

尊重成长中的孩子失败的权利是西方文化中极具人情味的一部分，我们很多家长一直没有意识到这对孩子成长的重要性，往往不厌其烦地嘱咐孩子只许成功，不许失败。这样的心情可以理解，但对孩子无益。孩子没有生活的阅历与经验，还处在人生中最初的摸索阶段，允许孩子失败，就等于给了他锻炼意志力、增加阅历的机会。

家长不允许孩子失败，是因为只看到了失败带来的痛苦的一面，却忽略了失败的价值和意义。当我们为孩子没有达到要求动辄辱骂时，别忘了孩子还在成长，上帝给了他失败的权利。回首人生，谁不是在磕磕绊绊中走过来的？尊重孩子失败的权利，就是对孩子终将成功的信任，而这种信任，将是孩子战胜失败的勇气和动力！

受到挫折后的孩子，会陷于困境之中。此时，要及时去疏导孩子的心理，告诉孩子在困难面前，要靠自己重新站起来。鼓励孩子要有不断战胜挫败的勇气，不要遇到一次挫败就失去信心，要让他们懂得失败乃成功之母。要引导孩子在面对失败时以积极的态度应对，不要以消极、悲观、失望的态度来面对失败，只有不向沮丧屈服，不被矛盾左右，才能走出失败，获得成功。

父母心经

在生活中要给孩子失败的机会。俗语说："不如意事十有八九"，每个人的一生，都不可能是一帆风顺的，免不了失意与困惑，对于这种种不尽如人意的事情，不要埋怨孩子，给他一次体验失败的机会。

适当让孩子"吃些苦"

现在许多孩子就像温室里的花朵一样，难以经受风吹雨打。其实这样的孩子很难适应未来"优胜劣汰"的残酷竞争，因此家长们在孩子小的时候，就要有意识地让他们吃点苦。

案例分享

一次夏令营，发生了这样一件事：按照计划，60 名孩子要长途步行 40 千米，途中自己做饭，搭帐篷，行程是 3 天。可在第一天上午，就有 6 个孩子哭着给家里打电话，抱怨说太艰苦了，要背着很重的包走那么远的路，而一个孩子则哭着非要爸爸马上来接他回去。结果到终点时，60 名孩子只剩下 37 个，其余的孩子都因为吃不了苦，中途放弃了。随团的一位医生感慨地说："现在的孩子太娇惯了，现在连这么一点苦都吃不了，以后到社会上怎么办啊！"

这样的担心并非没有道理，可一些家长仍在执迷不悟地"保护"孩子，生怕孩子受罪。然而，就在许多中国家长挖空心思地满足子女的各种要求时，一些国家的人却千方百计地对他们的孩子进行"吃苦教育"。为了让孩子了解过去困难的日子，某国一家学校给孩子们做了"忆苦饭"，结果，孩子面对当年大人吃过的黑面包号啕大哭，拒食 3 天。校方毫不动摇，第 4 天，孩子们终于咽下了这顿忆苦饭……

教子有方

现代的一些父母，因为自己小时候吃了不少苦，因而打定主意坚决不让孩子再吃苦，他们总是千方百计地满足孩子，保护孩子。一些孩子甚至上了高中乃至大学还不会洗衣服，不会照顾自己，所有跟"吃苦"有关的事全由家长代劳。然而这样做有什么好处呢？只能培养出一些娇气、只会依赖父母又吃不了苦的孩子。

要培养孩子的吃苦精神，家长们要牢记以下几点：

一、尽量让孩子自己动手，教会孩子独立；

二、勇于让孩子自己选择，让孩子学会承担；

三、培养孩子艰苦朴素的意识，不虚荣不攀比；

四、经常给孩子一些挫折训练，让孩子在挫折中锻炼自己的意志力；

五、带孩子参加一些野外训练，在艰苦的条件中锻炼孩子。

孩子们需要学会战胜生活中挫折和困难的勇气，这是在童年时期就需要培养的，所以为了孩子着想，父母们应该适当让孩子吃些苦头，让他们从小受到艰难困苦的磨炼，有了吃苦精神，孩子们才能在未来的竞争中立于不败之地。

父母心经

如果一味溺爱孩子，什么事情都替孩子包办，会让孩子缺乏独立性，将来也难以适应竞争激烈的社会。为了让孩子在将来少吃苦头，在孩子成长过程中，家长就要着力培养孩子的抗挫折能力，培养孩子的意志力和毅力，让他们将来能够适应充满竞争的社会。

孩子的忍耐力需要从小培养

在生活中还会经常发现这样的情况：孩子还没把面前的食物吃完，便迫不及待地嚷着要吃另一些食物；在游乐场看到滑梯，无视排队等候的小朋友，硬要抢先去玩；上兴趣班，发现自己怎样也无法做好，就随便放弃，不再坚持；当欲望未能及时被满足时，就立即发脾气，甚至情绪失控……如此种种，都是孩子缺乏耐性的常见表现。

案例分享

“奶奶，我要吃糖。”非非拽着奶奶的胳臂，噘着小嘴撒娇。

“非非乖，等奶奶洗完这件衣服就给非非拿。”

“不行嘛，我现在就要。”

非非继续缠着奶奶。奶奶动作稍微慢了点，非非就一屁股坐到地板上，大声哭闹起来。奶奶慌忙扔了手里的活计，甚至来不及好好洗洗手，便脚不沾地跑去帮非非拿糖。

对于非非来说，等待是一件让人无法忍受的事情。在长期与奶奶打交道的过程中，她学会了使用哭闹这一招对付奶奶。她知道，她哭闹得越厉害，她的愿望就越能在更短的时间里得到满足。非非的这一“杀手锏”确实很管用，奶奶果然不敢怠慢了。为了防止非非无休无止地哭闹，对于她的要求，不管有多不合理，奶奶都会在尽可能短的时间里满足。

“我一秒钟都不能等。”非非说到做到。她的毫无耐性令奶奶十分苦恼，但一点办法也没有。

教子有方

如果孩子无法在小时候得到正确的“耐性”教育，长大后就要承受缺少耐性所造成的恶果。最明显的是，孩子会变得霸道，无法遵守社会规范，凡事以自我为中心。此外，孩子容易被自己的情绪牵制，当事情不符合心意时，无法忍受，不能静心思考解决问题的方法，承受不起挫折，甚至可能对自己没有任何要求，生活欠缺目标，进而影响社会交往。

在培养孩子耐性的过程中，家长可以参考下面的方法。

1. 在游戏中锻炼孩子的专注力

专注力是忍耐力的基础，如果孩子的专注力好，自然容易有耐性。父母可多与孩子进行一些有助提高专注力的游戏，比如“找不同”“找差错”等，甚至通过聆听故事，让小朋友集中注意力，长时间地专注做某一件事。

2. 给孩子必要的奖励

孩子拥有目标，做事自然有毅力。当孩子渴望得到某些东西，家长可要求他先达到某些目标，作为正面回报。举例说，孩子为画一幅画付出了努力，就奖励他一件玩具。孩子愈大，要求也就可以更加复杂一点，最重要的是所定下的目标，必须是清楚、明确及合理的。此外，不妨善用“奖励卡”或“奖励贴纸”这些小道具，让孩子容易掌握自己的努力成果。

3. 多参与挑战活动

孩子的兴趣愈广泛，就愈容易磨炼出个人耐力。其实，要培养个人耐性，关键就在于建立延迟满足欲望的能力，而在这一过程中，若时间和精力容易消磨，情绪也不会容易波动，耐性自然也就建立起来了。因此，家长不妨安排孩子多参与一些不同类型的挑战活动。

4. 建立跳跃可达到的目标

家长可选择一些孩子当下做不到，但本身有能力做到的事情，引导他完成，不要让他轻言放弃。与孩子一同定下目标，帮助他不断尝试挑战自己，建立进取之心，例如每星期练习踩单车两次。此外，亦可安排孩子多参加一些“自我挑战”活动，如军训、野外定向等，磨炼个人意志及耐性。

父母心经

事实上，孩子的忍耐力，与其年龄是成反比的。然而，“耐性”这种特质，却必须从小开始培养，否则孩子长大后，他的表现，就很难再符合家长的期望了。家长不能就耐性这一问题，突然对孩子提出要求，孩子从来不曾有过这方面的意识，当然也就无法立即做到。因此，建议家长应在幼儿至小学阶段，便开始着力培养孩子的忍耐力、耐性及专注力。

让孩子学会面对挫折

案例分享

“妈妈，你看，彩虹！”

“美吗？”

“美！”

“宝贝，你知道吗？彩虹其实就是阳光。”

“阳光？我们平时见到的阳光，为啥没有这么美呢？”

“因为在雨后，空中留存的雨雾使阳光发生折射，从而产生了七彩的光芒。这阳光的折射，就像人生的挫折，折射使阳光美丽起来，挫折也会使人生美丽起来。”

“妈妈，我知道了，彩虹就是受了挫折的阳光。”

为了孩子能够出人头地，家长真是操碎了心，什么事情都替孩子想好、办好，甚至把孩子的前途都设计好了。但活生生的现实向我们发问：你的那些设想和做法，符合社会的需要和孩子成长的规律吗？即使什么都替孩子打点好了，家长也不能管孩子的一生。

教子有方

挫折教育，早在远古时代就已经产生了。在一些原始部族里，少年男子如果想拥有成年人的权利，被社会所接纳，必须要通过一次优胜劣汰的近乎残酷的考验。大人们把这些男子放到一个没有人烟的、野兽经常出没的恶劣环境中，让他们品尝孤独和挫折的滋味，学会面对和战胜各种困难。只有经过千辛万苦奋力挣扎返回部族居住地的男子，才能被证明已是个成年人，是个真正的男子汉，他才能享有成年人的一切权利。

世界上最长的路是人生之路。人生路上，每一个人都有着自己的使命。那么，父母的使命是什么呢？做孩子的知心朋友，陪孩子走一程。显然，培养孩子的抗挫折能力、承受能力是十分重要的。

人也是这样的，小时候不学会吃苦，长大了也脆弱，经不起风吹雨打。风雨人生路，适当地晒晒孩子的根，很有必要。人生道路上既然困难、挫折没办法避免，那就只有加强磨难教育，增强孩子的抗挫折能力。

要培养孩子的抗挫折能力，家长们可以这样做：

一、引导孩子把考试失利这一挫折当成机遇，当成磨炼自己意志的机遇，当成增长自己能力的机遇。

二、教会孩子在挫折面前要满怀信心。情绪不好时，不妨放开喉咙呼喊几声："我能成功！我能成功！我能成功！"面对挫折，决不退缩，决不半途而废，而应该千方百计去寻求新的解决问题的途径。

三、早晨或晚间，培养孩子锻炼身体的习惯。在坚持锻炼的过程中经受挫折，有意识地多磨炼他，每天早晨起来，督促他坚持跑步。星期天、节假日，同他一起去远足，去爬山，在奔跑攀登中锻炼他们抗挫折能力。父母还可以和孩子下棋，特别是下残局，教育孩子不要轻易认输，这才有利于增强孩子抗挫折的能力。

父母心经

父母要让孩子认识到，抗挫折能力的强弱，对人一生成就的大小有很重要的影响。人有旦夕祸福，月有阴晴圆缺，古往今来都是如此。没有人一生都是一帆风顺的，总会遇到不幸的事。所有为人类做出大贡献的伟人，都经历过无数次挫折，都有很强的抗挫折能力。所以，在日常生活、学习中，凡是孩子自己能做的事，父母别包办代替，只有这样，孩子才会在克服困难中增长能力。

培养孩子坚强的品格

对于孩子来说，胆怯懦弱是普遍存在的。生活中，每个孩子都会遇到许多麻烦，在面对困难和挫折的时候，胆小懦弱的孩子往往没有坚强的意志去克服困难和挫折。坚强勇敢的孩子则能够做到持之以恒，凭借自己坚强的意志，战胜困难和挫折，越过障碍和绊脚石，从而取得成功。

案例分享

有一位中学生说："我一直相信妈妈是非常爱我的，她希望用自己的肩膀为我挡住所有的风雨，安排好每一步路。可是，在她每天为我忙忙碌碌的时候，她不知道，我所有的勇气和自信都丢失在这份特殊的关爱里了。"可见，要培养孩子成为强者，父母首先要鼓励孩子做力所能及的事情，让孩子学会自己生活，掌控人生。

教子有方

一个孩子的坚强品质，不是与生俱来的，因此，明智的父母应该从小就重视培养孩子坚强的习惯，让孩子在以后的人生道路上能够走得更顺利。

1. 教孩子学会坚持

任何时候，胜利与成功都只属于坚持到最后的人，对于一个孩子来说，他做的每一件事都可以体现出他的品性。如，在孩子遇到困难的时候，如果意志薄弱，很可能就会中途放弃，如果意志坚强，能够再多坚持一下，那么，他就能比别人更容易取得成功。

2. 不要把孩子当成弱者

想让孩子坚强，千万不要把孩子当成弱者来看待。只有让孩子自己去站立，他的双腿才会有力，他的意志才会坚强。著名科学家居里夫人很注意培养孩子的坚强性格。在第一次世界大战期间，居里夫人把孩子带到战争前线救护伤员，让她在艰苦的环境中锻炼自己。1918 年，居里夫人又要两个孩子留在正遭受德军炮击的巴黎，并告诉孩子，在轰炸的时候不要躲到地窖里去发抖。这种把孩子当成强者的态度真的使居里夫人的孩子们成了坚强的人。

孩子最容易接受心理暗示，当你认为孩子是个弱者时，他就真的会成为弱者，而你将孩子视为强者时，他往往更乐意表现出他坚强的一面。

3. 给孩子必要的批评和惩戒

许多孩子的心理非常脆弱，根本无法接受别人的批评和负面评价。因此，必须明确规定一些孩子不应做的事情，比如，打人、骂人、偷东西等，这些都是绝对不允许做的。如果孩子做了，就要接受批评、惩罚，有时还要严厉一些。这样对孩子的身心健康成长是有益的。

对于孩子犯的较大的错误，父母应该给予适度的惩戒，这种惩罚可以是物质上的，也可以是精神上的。比如，把孩子关在一个比较安全的地方，不允许孩子买他想买的玩具等。

父母心经

一些家长对孩子百依百顺，不让孩子做任何事情，舒适、平静、安稳的生活，剥夺了孩子自我表现的机会。衣来伸手、饭来张口的生活方式，导致了孩子独立生活能力较弱。

善于自理的孩子是坚强的，在生活中，他会表现出坚强的一面，在面对挫折和困难时，他会有能力去处理这些问题，不会无所适从。因此，父母要让孩子学会独立生活，学会自己处理生活中遇到的难题。

让孩子独立起来

孩子的依赖心理在很大程度上源于溺爱。父母不可能永远都陪在孩子身边，许多父母在谈到对孩子放手时，总会想："孩子还小，不能让孩子吃苦。"所以，能不放手，绝不会放手。

需要注意的是，对孩子放手并不等于让孩子吃苦。聪明的家长往往能够培养出自理能力很强的孩子，并不是因为孩子吃了苦，而是因为家长学会在恰当的时候放手，还给孩子一片自由的天空。

案例分享

有两位父母，为了给孩子提供一个有特殊教育意义的空间，想出了一个“小留学”的好主意，这个办法，既简单，又有效，孩子也非常欢迎。所谓“小留学”，就是两家的孩子，都到对方的家中去住一两个月，上学仍在原来的学校。别看这么一个空间的变化，对孩子的教育效果却十分突出。

这样做有什么积极意义呢？

首先，孩子得到了锻炼。孩子初次离家，虽然不是一个人生活，但毕竟周围都是外人，环境不熟悉，因此也可算作独立生活的初步锻炼。

其次，培养了孩子的自理能力。初到别人家，孩子比较重视对自我教育能力的培养。他们能自觉地严格要求自己，家务活抢着干，作息时间也安排得很紧，不会的事情努力学着做，这一段时间虽然不长，但进步得非常快。

最后，提高了孩子的人际交往能力。来到一个新的环境，面对的都是陌生人，这正是提高人际交往能力的好机会。孩子们学习如何对待家中的长辈，如何对待新的邻居，如何对待来访的客人，在新的家中听到长辈的教导，结合着原有的人际交往经验，对人际关系有了更深的理解。

另外，孩子还能加深对社会的认识。不同的家庭有不同的文化背景，每个成员有不同的性格、观念和生活习惯。孩子能够从中分析两个家庭的种种不同，从而加深对社会的认识。

教子有方

孩子独立能力的形成，有助于培养孩子的责任感、自信心，以及自己处理问题的能力，对孩子今后的生活也具有深远的意义，但现在大部分的孩子依赖性强，生活自理能力差，以致不能很好地适应新环境，所以培养孩子的生活自理能力至关重要。

1. 让孩子拥有独立的意识

家长无条件地包办代替，使孩子形成一种错误认识：自己不愿意干的事情，父母会帮着干（要喝水了，父母会端水来；要起床了，父母会给穿衣服……），因此，父母必须通过各种形式，让孩子知道，自己已经长大了，要不怕苦，不怕累，“自己的事情自己做”。可以对孩子进行正面教育，增强孩子的独立意识。

比如，如通过“我长大了”“我学会了……”等谈话活动，利用提问、讨论、行为练习等形式，让孩子意识到自己有能力干好一些事情，为自己会干力所能及的事情感到高兴。

再如，在诗歌、故事中，帮助孩子充分理解作品内涵，通过作品中角色的行为，使孩子受到感染、教育。

也可以通过分辨不同行为（独立的与依赖的），巩固孩子的独立意识，为孩子准备不同行为表现的各种图片等，让孩子在比较中提高对独立行为的认识。

2. 让孩子自己去选择

孩子的自主性往往表现在他的选择上，但由于父母怕孩子自己选择错了，总是不敢把选择的权利交给孩子，可是如果从来都不给孩子选择的权利，他也就永远学不会选择，永远没有自主性。

有的父母就把有些选择的权利交给孩子，但是要在事前为他提供有关情况，帮他分析各种可能，并且要教育他自己选择了，自己就要负责任。他们认为在这种情况下，即使选择错了，也是一次学习机会，是很值得的。

选择和责任总是联系在一起的，如果孩子的事情，件件都让父母去做主、决定，孩子不会想到自己对这个决定有责任，因为不是自己选择的。如果把权利交给了孩子，他做选择反而会比较慎重，因为他知道，一旦选择了，就要由自己负责，是好是坏，后果都要自己承担。

3. 给孩子创造条件，让他自己去锻炼

培养孩子用揠苗助长这种违反客观规律的做法，肯定是要失败的，但是消极的、完全“顺其自然”的态度，也不利于孩子的成长。遵照客观规律，积极创造条件，让孩子去锻炼，这才是我们应该采取的正确做法。

锻炼可分为体力锻炼、脑力锻炼和综合锻炼。要达到锻炼的目的，一般不能完全靠现成的条件，需要自己去创造。作为父母可以给孩子提供一个辅助性条件，如启动资金等。

父母心经

放手不是对孩子撒手不管，而是有针对性地锻炼孩子某些方面的意志，或是独立解决问题的能力。这有利于孩子正确地认识生活、体验生活，不论对于培养孩子的独立意识，还是增强自理能力，都是非常重要的教育方式。

帮孩子解压，培养良好情绪

和成人一样，现代的孩子也面临着许多压力，比如考试、排名、升学等，这些压力并不比我们所面临的压力小。所以，家长要多关注孩子的情绪状态，当意识到孩子可能正在面临压力时，要帮孩子解解压，使孩子放松身心，以更好的状态投入到学习和生活中去。

走进大自然舒畅身心

大自然以其博大的胸怀向我们展示无垠的天空、澎湃的大海、逶迤的山峦、奔腾的江河、万紫千红的花草树木。朝霞、落日、白云、星空，都会引起孩子的美好想象；昆虫、飞鸟、游鱼、蝴蝶，对孩子有着极大的吸引力。瑰丽的色彩、生动的形态、动听的音响、神奇的变化会使孩子感到奇美无比。

案例分享

一天晚饭后，妈妈带着莉莉去散步。忽然，莉莉兴奋地看着月亮说："妈妈，今天的月亮很漂亮，像一只灯泡！"妈妈忍不住大笑，因为从来不曾有人将月亮比成灯泡。

孩子顿时愣在那里，她一定感到自己说了什么傻话。妈妈意识到自己犯了一个错误，为什么年幼的孩子不能有自己的想象呢？

妈妈说："古人把月亮比作一面明晃晃的铜镜，现在的小孩子哪里去见这样的镜子呢？月亮像灯泡，都非常亮，不过它们的形态不很像。"

十几天后的一个晚上，莉莉又注意到月亮，兴奋地告诉妈妈："今天的月亮像个香蕉！"

妈妈微笑着点点头，说："很好，今天的月亮弯弯的，非常像香蕉。”也许，妈妈在心里从来不曾认为月亮与香蕉有何相像之处，但今天经孩子这么一说，她觉得还真的有些像呢！

观察能力是从事任何一种事业都必须具备的能力。许多人成为科学家、文学家，都和他们非凡的观察力分不开。一个人如果能够勤于观察、善于观察，就会随时发现问题，得到意想不到的收获。大自然的四季变化，正是教育孩子、培养孩子观察能力、陶冶孩子情操的最好、最丰富的素材。

教子有方

有条件的家庭，家长要多带孩子去旅游，让孩子更多地接触大自然。城市里的家长可以充分利用公园、植物园、动物园等园林设施，让孩子感受自然。农村里的家长更要珍惜优越的自然环境，让孩子全身心地感受自然之美，增长知识，促进智力和能力的发展，培养孩子热爱家乡、热爱大自然的情感。

伟大的文化战士郭沫若的童年，就是在磅礴连绵的峨眉山下和波涛汹涌的大渡河边度过的。气势雄伟的自然风光不断熏陶着他幼小的心灵，为他后来成为一位蜚声中外的浪漫主义诗人奠定了良好的基础。列宁的父母也非常重视自然对孩子们的作用，他们全家经常到伏尔加河沿岸观看河水，到森林中散步，观赏日出和日落的景色。马克思夫妇也经常带领孩子们到动物园和植物园去，或者出去郊游，与孩子们一起观赏

鸟类、捕捉蝴蝶、采摘各种鲜花。

父母心经

现在的孩子很少有机会亲近大自然。有的家长认为，儿童到外面游玩，会耽误学习，孩子也容易玩疯了。其实并非如此，读万卷书，行万里路，带领孩子去观察大自然，引导孩子欣赏和体验大自然的美，可以增长知识、开阔胸襟、陶冶性情。

家长应抽时间带孩子多走走，多看看，接触外面的世界，游览祖国的名山大川，孩子会在这些有趣的活动中对大自然产生浓厚的兴趣。在这一过程中，家长可引导孩子从平常的事物中看出不平常的东西来，使孩子懂得探索和发现之因果关系。

我们应该看到大自然对于丰富孩子生活、陶冶孩子性情、锻炼孩子性格有着很大的作用，在给孩子的成长提供一个良好的环境时，不要忘记了大自然。

趣味游戏帮孩子释放天性

爱做游戏是儿童的天性，对于孩子的自发游戏，父母应该给予关注。游戏对儿童来讲，就如同成人的工作、学习一样，是发展孩子想象力最好的活动。

案例分享

几个小孩子一起玩耍，他们模仿大人，把镜片架在自己的眼睛上，可是他们既不近视也不是老花眼，只有把它们举在离眼睛比较远的地方才能看清楚镜片后面的东西。其中一个淘气的孩子，想了一个“异想天开”的游戏方法：一只手拿着近视镜片，一只手拿着老花镜片，把它们一前一后拿在眼前向远处一望，不由得惊喜地喊了起来：“哦，真奇怪！礼拜堂的尖塔，突然变得这样近啦！”

孩子们在游戏中，发现了可以望远的透镜，眼镜店老板就照这个方法，发明了世界上第一架望远镜。

教子有方

孩子喜欢在游戏中模仿成人的多种活动，凭借想象扮演多种角色，表演多重生活情境，自己动手解决游戏中遇到的困难和问题。例如，用积木搭娃娃床，用杯子当锅给娃娃做饭，用圆环做方向盘开汽车，把纸撕成条做面条等；还与小伙伴共同商议分配角色、安排活动。在孩子认真思考这些问题的过程中，游戏的情节也具体化了，孩子的创造力也随之得到了发展。

犹太人家庭中最常玩的游戏就是让孩子拣圆豆。方法是把绿豆、黄豆或其他圆形的、体积小的、颜色不同的物体混合放在一个盘子里。再准备四五个不同颜色的小碗，让孩子从盘子里取出豆子或其他物体，并把它们分门别类地放入不同颜色的小碗里，这个游戏可以让孩子通过辨别颜色、形状和大小来激发想象力。

有的父母因为不了解孩子们的想象世界，当孩子用木片和纸盒等建造城市、宫殿时，他们为了收拾屋子，往往不跟孩子打招呼就破坏了孩子的游戏，这就无情地摧残了孩子的精神世界。这样做非常不对，他们的这一举动不仅剥夺了孩子的幸福和游戏的欢乐，而且有碍于孩子将来的发展。

为了让孩子以逻辑方式来练习思考，可把一件玩具当作一个完成品，也就是去获得逻辑学上的结论。拆卸玩具的过程，就是追求逻辑的过程，而这个过程就是用来训练孩子思考的最好方式。

父母心经

游戏能有力地促进儿童想象力的发展，家长可以让孩子在游戏中想办法解决难题，创设情境以发展孩子的想象力。

需要注意的是，父母在孩子玩的时候，要积极引导孩子思考，尽量给孩子留出一定的空间。如果发现孩子对一些复杂的玩具充满了强烈的好奇心，询问“这是用什么做的?”“它怎么会动?”等等，父母要帮助孩子拆卸玩具，解答孩子所有的疑惑，让孩子能更清楚地认识玩具的构造，因为孩子对拆卸玩具具有兴趣，拆卸过程能有效地帮助他们训练脑力。

故事和儿歌，让孩子认识真善美

在培养孩子的想象力和行为习惯方面，故事和儿歌能起到神奇的作用。比如，美国语言学家斯特娜夫人也非常认同故事和儿歌的作用，因此，斯特娜夫人非常重视利用它们来教育自己的女儿小维尼。她在书中有如下的记录：我的家中不排斥仙女，我经常给女儿讲传说和儿歌，使她知道大自然是仙女居住的可爱世界，因此她从小就爱大自然。同时，她还从传说和儿歌中学到了许多优秀的道德品质，如正直、勇敢、亲切等。

案例分享

德国诗人歌德幼年时，母亲就常常给他讲神话故事，讲到最惊险处就停住了，以后的情节让歌德自己去想象。幼年时的歌德为此做过多种设想，有时他和奶奶一同谈论故事情节，然后再等待着第二天故事情节的“公布”。第二天，母亲在讲故事前，先让歌德说一说自己是如何设想的，然后再把故事情节讲出来。这样，歌德的想象力和思维能力得到发展，这也为他以后的创作打下了良好的基础。

由于孩子们来到人世间还没有多久，没有任何的社会经验，在他们眼中根本没有善、恶、是、非的存在，给他们讲述传说和儿歌是让他们分清善恶的最好方法。

教子有方

用故事和儿歌的形式来培养孩子，需要注意以下几点。

1. 要选择适合孩子的故事和儿歌

故事和儿歌有许多种，不同的故事和儿歌所展现的内容和蕴含的道理是不一样的，所以父母要选择合适的内容来教孩子。如果所选择的内容过于深奥，难以理解，孩子很容易会一头雾水，不知所云，也很难产生兴趣，自然也达不到教育的目的。

2. 联系生活实际，适当延伸

父母在选择合适的故事和儿歌教育孩子时，不能仅仅局限于故事和儿歌中所展现的内容，而是要联系生活实际去教育孩子，这样才能更有说服力。

比如，当故事中讲到有关爱心的内容时，父母要联系生活给孩子讲解，让孩子具体地明白什么是“爱心”，可以给孩子列举给老人让座、救助受伤的小鸟、帮助同学等事例。

3. 鼓励孩子自己选择感兴趣的内容

其实，孩子从 3 岁开始就有了自己的喜好，有了自己的选择和判断标准，家长完全可以相信孩子的选择能力。所以，家长可以经常带孩子去书店，允许孩子自己选择喜欢的书籍。

如果孩子所选择的内容家长不喜欢，这时，家长也要相信孩子，因为，只有孩子感兴趣的内容，才能更好地被孩子所接受和理解。家长不能用大人的眼光来看待孩子的选择，而是要和孩子一样保持一颗童心，和孩子一起走进精彩的故事世界。

父母心经

故事和儿歌中蕴含着许多哲理，父母可以多给孩子分享一些小故事，教孩子唱儿歌，让孩子通过这种轻松简单的形式来收获更多知识，认识人生的真善美。其实，培养孩子有许多种方法，用故事的形式更能激发孩子的学习兴趣，也更容易让孩子理解，所以，父母不妨多采用这种方法。

绘画涂鸦，激发孩子想象力

图画能够激发孩子的想象力，父母应该有意识地让孩子多接触各种图画，并鼓励孩子试着以此为基础画出来。

绘画最易诱发儿童的想象力，也是最为儿童所喜欢的一种形象表现形式。孩子虽然画技不高，但能通过画画表达其思维活动过程。对儿童的画，不要追求画得多么“像”，而应鼓励他们“想”得越多越好。

案例分享

一天，美术老师画了一只流着眼泪的小鸭子，让同学们以这只鸭子为主题，画一幅图画。半小时后，同学们都交上了图画，老师看后，高兴极了，连连惊叹孩子们的想象力。

孩子们都画了些什么呢？

一幅是《水污染》：小鸭子从被污染了的河里叼起一条小鱼，而小鱼只有骨头架子，小鸭子伤心地哭了。

一幅是《不准动!》：一个戴着假面具的人正用枪口对准一只流泪的小鸭子。

一幅是《失去自由》：小鸭子被关在笼子里，望着一群高飞的大雁在默默流泪。

想象力丰富的孩子喜欢画画，有时别出心裁，会画些他内心所想象的奇形怪状的东西。比如，有的孩子画了一棵多宝植物：树叶可以当菜吃，树枝像甘蔗那样甜，果实像苹果一样大，树根上结着大红薯。

教子有方

用绘画培养孩子的想象力，要做到以下两点。

1. 给孩子绘画的自由

用绘画培养孩子的想象力，就要给孩子充分的绘画自由，不能一味地强制孩子，而是要让孩子充分发挥想象，鼓励他们大胆落笔，大胆展现。有的父母对于孩子期望过高，便会忍不住“拔苗助长”，结果不仅降低了孩子的学习兴趣，还扼杀了孩子的想象力。

2. 教会孩子观察生活

孩子学习绘画一段时间之后，便开始对身边的事物产生浓厚的兴趣，这时，父母要引导孩子学会观察，将自己身边的事物通过绘画展现出来。这一时期，父母要给孩子自由、宽松的创作空间，利用绘画教会孩子学会观察，学会分析，培养孩子观察生活的能力，当孩子的观察能力有所提升，孩子的想象力也会有所提高。

父母心经

家长应在了解孩子的基础上，给孩子以自由绘画的空间，让他们尽情发挥。孩子们在被机械安排的情况下，很容易失去独立自主的精神，原本快乐无忧的童年也将化成灰色阴影。这样做很大程度上浪费了孩子童年的时光，应该探询一下孩子的意愿，把自由空间还给孩子，让孩子适情适性地自由成长，充分发展孩子的想象力。

培养高情商，拥有好情绪

拥有高情商的孩子不仅自己的学习、生活会调节得非常好，而且也会给周围人带来许多积极的情绪，这样的孩子不容易焦虑，更不会情绪失控，他们知道怎样处理自己的情绪，也更容易拥有良好的人际关系。所以，父母要注重孩子情商的培养，这样，好情绪才能常伴孩子左右。

让孩子学会宽容

宽容是一种美德，是人与人之间最珍贵的礼品；宽容是一种仁爱的光芒，也是对自己的善待。一个人的胸怀能容得下多少人，就能够赢得多少人的爱戴和尊敬。

案例分享

由于家境困难，林肯12岁时不得不中止学业，去做了一个伐木工人。每次，他都在自己伐倒的木材上写上一个自己名字开头的“A”字。但是有一天，他发现自己砍伐的木头被人写上了“H”，这显然是有人用了自己的劳动成果。

林肯生气极了，回家对继母说：“一定是那个叫亨德尔的家伙干的，我到他们家找他理论去。”

继母看着林肯说：“孩子，你先别急，听我给你讲个故事。

“从前有一片大森林，那里有一个人叫班布，他以打猎为生，经常在密林中安装捕兽套子。由于他安装的地方经常有野兽出没，几乎每天都有收获。有一天他又去收套子，却发现套子上只有动物脱落的毛，动物已经被别人取走了。班布很生气，于是他就在纸上画了一张很生气的脸，放在套子上。

“第二天他又去收套子，发现套子上有一片大树叶，树叶上画着一个圈，圈子里有房子，房子旁边还有一只狂吠的狗。班布不知道是什么意思，他想：为什么别人拿走了我的动物还要画图呢？他觉得应该和这个人见面说理，于是他就画了一个正午的太阳，还有两个人站在捕兽套边。

“第三天中午，他又来到了这里，看到有一个浑身插满了野鸡毛的印第安人在那里等他。他们彼此语言不通，只能通过打手势来对话。印第安人用手势告诉班布：这里是我们的地盘，你不可以在这里装套子。班布也打手势说：这是我装的套子，你不能拿走我的果实。两个人的模样都很古怪，都觉得对方很有趣。班布想，与其多个敌人，还不如多一个朋友，于是他就大方地将捕兽套送给那个印第安人了。

“后来有一天，班布打猎时遇到了狼群追赶，被迫跳下了悬崖。等到他醒来的时候，他发现自己正躺在印第安人的帐篷里，伤口上还有印第安人给他上的药。此后他就成了印第安人的好朋友，和他们生活在一起，共同打猎。”

继母讲完了故事，微笑着对林肯说：“你说班布做得对吗？”

“他做得很好，这样就少了敌人，多了朋友。”

“对呀，孩子，你要学会对别人宽容，这样才能使自己的路越走越宽广。要不然，你在社会上就会到处树敌，很难成功的。”

“我知道了，母亲。”林肯很懂事地点点头。

林肯牢记母亲的教导，宽容的美德为他以后的人生铺平了道路，他最终通过竞选成为美国第16任总统。

教子有方

一个人只有具备了宽容的品质，才会懂得理解和尊重他人，才会有爱人之心，有容人之量，成为识大体、顾大局的人。教孩子学会宽容，应该从以下几方面做起。

1. 让孩子学会不苛求他人

不苛求他人就是要承认别人能同自己一样选择、保护、发展他们的个性、习惯、兴趣和观念等。这是不苛求他人的第一个要求，也是灵活性格的重要表现。

在人际交往中，和谐融洽是人人希望的，只是矛盾、隔阂常要光顾我们的生活。于是，我们既要不苛求他人，又要宽容待人。尊重别人的个性、习惯等，是一种宽容；当别人对自己表现出进攻的姿态时，能做到合理的谅解、忍让，则是更大的宽容。当然，宽容并不是不讲原则，更不是逆来顺受，而是以退为进。

2. 教会孩子不过分挑剔

一位西方学者指出："当你要去挑剔另一个人时，这说明不了别的，只说明你是那个需要被批评的人。"

过分挑剔不但会使别人疏远你，它也会使你感觉很糟。它鼓动你去考虑每件事和某个人的不当之处——你不喜欢的地方。所以，"吹毛求疵"不是使我们欣赏我们的人际关系和生活，而是鼓动我们认为生活并不尽如人意。而事实上，没有什么是尽善尽美的。

3. 教会孩子在与人交往时"求同存异"，宽厚待人

与人交往，总希望关系能融洽，由于人的个性不同，生活背景不同，物质基础、文化修养不同，人与人之间难免会意见不统一，有时甚至会产生矛盾。因此，与人交往，要求同存异，善于宽容。

当你想和朋友友好相处时，要尊重对方的人格和优点，容忍对方的弱点和缺陷，切莫试图去指责或改变对方。

4. 教孩子多赞赏别人的优点，包容别人的不足

每个人都有自己的优点和不足，每个人独立的个性差异决定了人与人之间的矛盾不可避免。要解决这些矛盾，就必须具备宽容的品质。容忍他人的不足和缺陷比较容易，而困难的是发现和承认他人的价值，这

是一种更为积极的人生态度。

每个人只要乐于寻找，一定能找出他人身上的许多优点和长处，能发现和承认他人的长处，那就实现了人生价值的全部意义。只有既能容人之短，又能容人之长，才更显出胸怀的宽阔、人格的高尚。

父母心经

宽容是一种博大的胸怀，是一种做人的最高境界。父母要引导孩子明白：宽容不仅仅表现为礼让，还表现在与人交往时讲信用，主动关心别人，勇于承认错误 ，与他人发生不快和矛盾时，应通过换位思考来冷静处理。

教会孩子谦虚

虚心使人进步，骄傲使人落后。谦虚的孩子能接受别人的批评，而骄傲自大的孩子无意之中会在自己与外界之间竖起一道无形的“城墙”，形成与外界的隔膜，这使他变得狭隘、自私、目中无人，如井底之蛙，看不到更广阔的世界。

案例分享

梅兰芳是我国的京剧大师，他不仅在京剧艺术上有很深的造诣，而且还是丹青妙手。虽然有如此高的成就，可是梅兰芳先生却十分谦虚，他拜著名画家齐白石为师，总是按照弟子的礼节向齐白石求教，经常为齐白石老人磨墨铺纸，并不因为自己是京剧大师而自傲。

梅兰芳不仅拜画家为师，而且也拜普通人为师。有一次，梅兰芳在演出京剧《杀惜》时，在众多喝彩叫好声中，他听到有个老年观众说“不好”。梅兰芳来不及卸装更衣就用专车把这位老人接到家中。

梅兰芳恭敬地对老人说：“说我不好的人，是我的老师。先生说我不好，必有高见，定请赐教，学生决心亡羊补牢。”老人指出：“阎惜姣上楼和下楼的台步，按梨园规定，应是上七下八，博士为何八上八下？”梅兰芳恍然大悟，连声称谢。以后梅兰芳经常请这位老先生观看他演戏，请他指正，称他为“老师”。

教子有方

孩子出现骄傲自大的坏习惯往往是过高估计了自己，认为自己比谁都强，只看到自己的长处，看不到自己的短处，拿自己的长处比他人的短处。因此狂妄自大，以自我为中心，想干什么就干什么，不会设身处地地替别人着想。作为父母应该耐心地教导孩子，让孩子学会正确地评价自己，既认识到自己的优点，又看到自己的不足，有一颗谦虚的心。

1. 不过分夸奖孩子

有些家长望子成龙心切，孩子稍微有点进步就欣喜若狂，赞不绝口，久而久之，必然助长孩子的自满情绪。正确的方法是：在表扬孩子时，高度重视感情的作用，尽量做到“浓淡”适度。有时对孩子轻轻的一个微笑，也会起到许多赞美之词难以起到的作用。并且，家长应尽量少在外人面前夸奖孩子，因为小孩子自我评价能力差，看到那么多人肯定自己，会产生错误的认识，认为自己真的那么优秀，从而产生骄傲情绪。

2. 不给孩子过多物质上的奖励

其实，一般情况下，孩子只要能得到口头表扬，心理上就会得到满足。过多的物质奖励，有时会使孩子产生沾沾自喜、高傲自大、忘乎所以甚至不思进取的心态，要防止他们被夸奖声和赞许的目光所包围，或因为获得过多的物质奖励而产生畸形的满足感，懒于进取和努力，从而削弱进取意识。

所以，家长要注意不能给孩子过多的物质奖励，让他们明白好条件是父母创造的，他其实和其他同学一样，没有什么特别的地方。家长要观察孩子的心态和行为表现，发现苗头及时教育，消除其骄傲自大的不良心态。

3. 日常生活中要规范孩子的行为

家长还需要规范孩子的行为，督促他们改正骄傲自大的坏毛病，告诉孩子在交友中应该怎样做和不应该怎样做，并加以训练和指导，使其形成良好的行为习惯，这样，他才会受到大家的欢迎。

父母心经

父母是孩子的第一任教师，是孩子效仿的最直接的榜样，父母对孩子的示范作用是巨大的。父母应该成为孩子高尚人格的榜样，要谦虚友善，不要在孩子面前表现出骄傲情绪，以免孩子受到不良影响。

培养孩子的同情心

同情心是一种非常重要的人格品质，它要求人们善于理解别人的处境，随时准备从道义上支持别人，从行动上帮助别人。一个不懂得关心别人、同情别人、待人冷漠无情的人，不可能成为道德和人格上完善的人。

著名教育家陈鹤琴先生曾说："同情行为在家庭里，在社会里是一种非常重要的美德。若家庭里没有同情行为，那父不父，母不母，子不子，家庭就不成为家庭；若社会里没有同情行为，尔虞我诈，人人自私，社会也不成社会了。”

案例分享

这是寒冬里最冷的一天，街上没几个行人，乞讨者跪在路边瑟瑟发抖。可是时间已经过去了大半天，他仍然1分钱也没要到。

这时，一个衣着考究的中年男士从远处向这边走来。乞讨者眼睛一亮，等到那个人走近身边时，他赶忙频频磕头，声音发颤地连连乞求：“好心人，可怜可怜我吧，我太饿了！”

那位男士停住脚步，说道：“起来！我不会把钱送给跪着要钱的人。”

乞讨者摇晃着站起身来，伸出右手，眼巴巴地看着前面的男士。

“不给！”那位男士很干脆地表示。乞讨者面有愠色。“知道我为什么不给你钱吗？”男士又说道。乞讨者晃了晃头。

男士说：“道理很简单：第一，我不欠你的钱，没有义务给你；第二，你会站会走，完全可以自食其力，没有理由跟别人伸手要钱；第三，就算要钱，也应该保持人格，不能靠贬低个人人格博取别人同情。你这么做一方面助长了社会不良风气的蔓延；另一方面，你在不把自己当人看的同时，也看低了他人的人格……”

“不给就不给吧，说这么多干吗？”乞讨者很不耐烦。

“拿着！”那位男士拿出一沓纸币递给乞讨者。“这不是我送给你的钱，这是我借给你的。等你以后挣了钱，必须还我！”

男士又递给乞讨者一张名片，随即离开了。

乞讨者站在原地眨着眼睛，脸上淌下两行热泪。

时间又过去了半年。一天，一位衣着考究的男士手里拿着一张名片敲开了一户人家的大门。这位男士就是当年那个跪着要钱的乞讨者。开门出来的年轻人在听过男士的一番叙述后表示，那位以前借钱给乞讨者的男士已经在半年前去世了，他是那位男士的儿子。

教子有方

我们在生活中经常看到一些孩子缺乏同情心：大孩子欺负弱小的孩子，身有残疾的孩子遭到同伴的耻笑，几岁的孩子把逮着的蝴蝶撕成碎片等。那么，是什么原因阻碍了孩子同情心的发展呢？

1. 过于严苛的家庭教育方式

有些家庭教育方式比较严厉，父母动不动就对孩子大声呵斥，并要求孩子的一言一行必须听大人的。这种严厉、惩罚性的教育方式会阻碍孩子早期同情心的萌芽。另外，经常被体罚的孩子也会很少对同伴的

“不幸”表现出关心。有些家庭则对孩子比较溺爱，样样都围着孩子转，久而久之，造成孩子自私、蛮横的个性，使孩子不会从别人的角度思考问题。

2. 孩子的心理需求未被关注和满足

有些家长较少关注孩子的心理需求，他们的个性就会被压制，他们甚至会通过一些行为，比如虐待小动物来寻求一种心理释放，同情心便无从谈起。

3. 家长的忽视

有的家长对孩子的同情心发展漠不关心，只关注孩子的智力培养，而忽视孩子品行的塑造。比如，有的家长在看到有人需要帮助时选择袖手旁观或者无动于衷，这无形中在告诉孩子：不要多管闲事。长此以往，孩子就会逐渐形成冷漠的性格。

所以，家长们一定要注重孩子同情心的培养，以身作则，发挥好榜样的作用。孩子同情心的建立，在于榜样的作用，尤其在日常生活中，家长的言行是孩子首选的模仿对象，孩子缺乏同情心，或多或少能从我们成人身上找到原因。比如，孩子不愿意把自己的衣服借给生病的孩子，他们会说出种种理由：“妈妈不让我给”“妈妈会打我的”……这些肯定不是空想出来的，而是受到成人以往行为的影响，或者是孩子曾经出现过的同情心被家长无意识地遏制了。了解了孩子过去的那些体验，便不难理解这些理由。家长是孩子的一面镜子，要让孩子健康地成长，家长的榜样作用是极为重要的。

父母心经

社会中总有一些弱势群体，值得我们去关心、帮助。不妨引导孩子一起去关注媒体的报道，了解他们的艰苦生活，让孩子慢慢地知道贫困地区的小朋友缺衣少食没有学上的情况。我们可以鼓励孩子捐出自己的玩具衣物，为他们送上祝福的话语。

让孩子送出爱的同时，也感受到帮助别人的快乐。对于孩子来说，同情心指的是善于理解别人的痛苦，愿意帮助别人解除痛苦；尊重别人的劳动，爱惜别人的劳动成果；愿意帮助有困难的人。

让孩子懂得“爱”

“送人玫瑰，手留余香。”人生在世，要学会分享和给予，互相关心，互相帮助。爱能包容大千世界，使千差万别、个性迥异的人和谐地融为一个整体。因此，要让孩子懂得爱，学会爱，只有学会爱别人，才能得到别人的爱，才能有一个快乐而健康的人际关系。

案例分享

林肯在竞选总统前，在参议院进行了一次演说，没想到的是，一个参议员却当众羞辱他道："林肯先生，在你开始演讲之前，别忘记自己是个鞋匠的儿子。"

"非常感谢你使我再次想起了我的父亲，他已经离世多年了，我一定记住你的忠告。我知道，我做总统，无法像我父亲做鞋匠那样做得伟大。"林肯不卑不亢地说。面对这突然出现的情况，人们不知道如何是好，参议院一时陷入了沉默中。

接着，他转身对那个傲慢的议员说："我还知道，我父亲以前也为你的家人做过鞋子，如果你的鞋子不合适，我可以帮你修鞋。虽然我不是伟大的鞋匠，但我从小就跟我的父亲学会了做鞋子的技术。"然后，他又对所有的参议员说："大家都一样，如果你们穿的那双鞋是我父亲做的，如果需要修理，我一定尽可能地帮忙。但有一点需要说明的是，我父亲的手艺是无人能比的。"

这时，参议院内响起了一片真诚的掌声。

竞选成功后，有人问林肯："你为什么用那种方式对你的政敌呢？你应该想办法打击他们，消灭他们才对。"

“我们难道不是在消灭政敌吗？当政敌成为朋友时，政敌就不存在了。”林肯总统温和地说。

这就是林肯总统消灭政敌的方法，他用的就是宽大仁爱的方法。他因此两度被选为美国总统。

今天，当人们走近以林肯名字命名的纪念馆的墙壁，可以看到这样一段警世名言：“对任何人不怀恶意；对一切人宽大仁爱；坚持正义，因为上帝使我们懂得正义；让我们继续努力去完成我们正在从事的事业；包扎我们国家的伤口。”

爱是人间最伟大的一种道德感，爱心是人类最美好的情操。美国著名教育家赫·斯宾塞指出：“爱心是美德的基础，也是美德最直接的表现。”富有爱心的人，很少计较个人得失，只是不停地付出，并不奢求太多回报。然而，“世间终有公道，付出总有回报”。他们往往会在不经意间得到曾经被他们施以爱与关怀的那些人的深深感激之情。

教子有方

一个人富有爱心，就会主动去关心帮助他人，从而消除人与人之间的隔阂。培养孩子的爱心，可以从以下几方面做起。

1. 给孩子表达爱的机会

要培养孩子的爱心，父母首先要给孩子表达爱的机会，让孩子体验“表达爱”的快乐。比如，可以从日常生活做起，让孩子孝敬父母，帮助父母做力所能及的家务等，当遇到流浪的小动物时，在确保安全的情况下可以和孩子一起帮助小动物。

另外，还可以让孩子多参与公益事业，学会主动关心别人，比如，帮助灾区的人民，向贫困山区的小朋友捐赠书籍、学习用品等。

2. 父母要以身作则

要培养孩子的爱心，父母首先要有爱心，所以，在日常生活中，父母要以身作则，做一个道德高尚、富有爱心的人。比如，主动帮助需要帮助的邻居、朋友等，多参与公益活动，这样父母言传身教，孩子自然会受到好的影响。

3. 及时赞美孩子爱心

孩子的爱心需要呵护，当孩子表现出富有爱心的言行时，父母要及时肯定和赞美，这样，孩子会得到积极的反馈，对于培养孩子的爱心更为有利。另外，对于孩子缺乏爱心的言行要给予适当的批评，让孩子学会分辨什么是“爱”，也让孩子从正反两面理解“爱”。

父母心经

教孩子懂得爱，学会爱，靠单纯的说教是无法达到目的的，所以，父母一定要注意“言传身教”的作用，从自身做起来培养孩子的爱心，另外，也要学会利用周围环境来引导孩子。比如，与孩子一起外出时，有秩序地排队，给有需要的人让座等，这些日常小事都可以培养孩子的爱心。

培养孩子的幽默感

幽默感是情商的重要组成部分，也是交际中有益的润滑剂。具有幽默感的孩子大多开朗活泼，因而往往更讨别人的喜欢，人际关系也要比不具幽默感的孩子好得多。

案例分享

有一个家长，是个十分风趣的人，秋收时节的一天，他带着疲惫的身躯从田里割完稻回到家，想舀水洗洗脸，可水缸里已干得底朝天了。这位家长没有对正放暑假在家的孩子发火，而是拿着水勺对孩子说：“小伙子，你到隔壁大妈家借几勺水先用用吧！”天哪！人们一般只听说有缺钱断粮向别人家借贷的，却从未听说向人家“借水”的。小家伙知道父亲是在批评他，便二话没说，红着脸，急急忙忙去挑满了一缸水。你看，这幽默的作用有多大。若是这位家长劈头盖脸来一顿臭骂，这水，孩子未必肯去挑，他的劳动观念更被树立起来。

有些家长教育孩子，往往只知道板着面孔说教，这固然能解决一些问题，但如果不时来点幽默，效果肯定会更好些。这样不仅能使孩子免去在大人面前的拘谨，又能使其在轻松的一笑中受到刻骨铭心的启迪。

教子有方

1. 父母要有幽默感

在日常生活中，父母要有意识地运用轻松幽默的语言与孩子沟通，营造轻松和谐的家庭氛围。比如，当孩子哭闹时，父母可以尝试在一旁营造轻松的气氛，抱抱孩子，幽默地安抚孩子：“怎么了，小宝贝，为什么哭得跟小花猫一样？有什么事爸爸妈妈可以帮你的忙吗？”

充满幽默感的语言和事物能让孩子的眼睛亮起来，无形中也刺激了孩子的思维和语言能力。比如，有一天和孩子外出游玩，突然下起了大雨，身边又没有雨伞，这时，父母不妨幽默地说：“看来，我们今天要淋成‘落汤鸡’了！”这样，不仅化解了淋雨的狼狈，而且还有助于培养孩子乐观向上的心态。

2. 及时鼓励孩子的幽默

孩子的智慧是无穷的，他们有着天马行空的想象力，还有强烈的表达欲，有时候孩子说出的话非常有智慧，也非常幽默，家长们一定要抓住这些机会，及时赞美孩子，鼓励孩子发挥自己的幽默感。

3. 培养幽默感也要注意原则

家长在培养孩子的幽默感时，也要注意以下原则：

①展现幽默要分场合，在严肃庄重的场合不能随意“幽默”；

②展现幽默的语言时不能伤害别人、嘲讽别人；

③大人在与孩子说笑时要考虑孩子的年纪。

父母心经

具有幽默感的孩子大多活泼开朗，乐观向上，非常受老师和同学们的欢迎，而且也能更好地处理人际关系。孩子的幽默感一旦形成，对其一生都会产生积极的影响，能帮助孩子更好地应对生活和学习中的压力，所以，父母要从小培养孩子的幽默感，使孩子成为一个积极乐观、幽默感十足的人。

做孩子的表率

处于成长期的孩子，模仿能力和可塑性很强，父母的一言一行、一举一动都会对孩子产生潜移默化的作用。正如教育家马卡连柯所说："你们自身的行为在教育上具有决定意义。在你们生活的每一瞬间，甚至当你们不在家的时候，你们的行为都在教育着孩子。你们怎样穿衣服，怎样跟别人谈话，怎样谈论别人，你们怎样表示欢迎和不快，怎样对待朋友和敌人，怎样笑，怎样读报，——所有这些对儿童都有很大的意义。"

案例分享

曾子杀猪取信于子的教子故事，在我国广为流传。曾子名参，是孔子的得意门生，被儒家尊为"宗圣"。

有一天，曾参的妻子要到集市上去，小儿子哭闹着要跟着去。曾参妻子哄儿子说："好乖乖，你别哭，你在家里等着，妈妈回来杀猪炒肉给你吃。"儿子听说有肉吃，便答应不随母亲去了。

曾参妻子从街上回来，只见曾参拿着绳子在捆猪，旁边还放着一把雪亮的尖刀，正准备杀猪呢！曾参妻子一见慌了，赶快制止曾参说：

“我刚才是同孩子说着玩的，并不是真的要杀猪呀！你怎么当真了？”曾参语重心长地对妻子说：“你要知道孩子是欺骗不得的，孩子小，什么都不懂，只会学父母的样子，听父母的教训。今天你要是这样欺骗了孩子，就等于教他说假话和骗别人。再说，今天你要这样欺骗孩子，孩子觉得母亲的话不可靠，以后你再讲什么话，他就不会相信了，对孩子进行教育也就难了。你说这猪该不该杀呀？”

曾参妻子听了丈夫的一席话，后悔自己不该和孩子开玩笑，更不该欺骗孩子。既然答应杀猪给孩子吃肉，就该说到做到，取信于孩子。于是她和丈夫一起动手磨刀杀猪，为孩子烧了一锅香喷喷的猪肉。儿子一边吃肉，一边向父母投去了信任的目光。

父母的言行直接感染了孩子。一天晚上，曾子的小儿子刚睡下又突然起来，从枕头下拿起一把竹简向外跑，曾子问他去干什么。孩子说：“这是我从朋友那里借来的竹简，说好了今天还，再晚也要还人家，不能言而无信啊！”曾子笑着把儿子送出了门。

教子有方

一位哲人曾说：“作为父母，我们首先要知道的一点是，父母是孩子的一面镜子，我们的一言一行可能对孩子一生产生影响。”

父母首先要做到的是不欺骗孩子。欺骗孩子的结果是让孩子知道你是在欺骗他，从此以后，他就不会再相信你了。父母失掉孩子的信任，其后果是不堪设想的。如果你欺骗了孩子，孩子也会学着欺骗他人或者欺骗你。

欺骗孩子是严重的错误行为，同时也会使教育孩子陷入恶性循环，作为父母最好不要让这样的事发生。如果你是一个诚实的人，你的孩子染上这样的坏毛病，你有足够的理由来教育他；如果你在孩子心目中是一个不诚实的人，你就不可能让孩子从你身上得到教育。

在日常生活中，有些父母常常为了让孩子做一件事，就轻易许诺，但事后就把自己说过的话给忘记了。孩子的希望落空，就会发现自己的父母在欺骗自己。如果父母说话不算数，那么孩子也就不会信守诺言。这很不利于孩子诚信品格的养成。

如果家长和孩子一起信守诺言，这种做法的收获也是显而易见。培养诚信的品格，可以从生活中一点一滴的小事做起。无论培养孩子什么样的品格，家长的示范作用都是极其重要的，诚信也不例外。现代社会中有些父母在与人交往中，想多留个心眼，多占点便宜，结果往往是得不偿失，给孩子造成负面影响，让孩子打心眼里看不起父母。

父母心经

父母是孩子人生中的第一任老师，父母的一举一动孩子都会去模仿。因此，你要求孩子不抽烟，你首先就不要抽烟；你要求孩子说话算数，你对孩子首先要说话算数。如果确实无法兑现你对孩子的承诺，一定要向孩子解释原因。这样孩子才能对诚信的重要性有深刻的印象和理解。要培养孩子诚实正直的品格，做父母的必须首先诚实正直，做出表率，父母对孩子的诚信品格的形成可以说起着关键的作用。

赞赏，让孩子拥有更多积极情绪

人们常说“好孩子是夸出来的”，确实如此，赞赏的语言能给孩子带来许多积极的作用，让孩子获得成就感的同时，也让孩子更有动力，更积极地去完成目标。所以，父母们要善于运用赞赏，让孩子获得更多助力，更积极地去面对学习和生活中遇到的困难，更自信地面对自己的未来。

孩子需要被赏识

在生活中，父母总是惯于寻找、放大孩子的缺点，惯于拿孩子的缺点同其他孩子的优点相比较，常常说别人的孩子怎么样，怎么样，这样好，那样好。而自己的孩子，总是“千疮百孔”，一无是处。

还有很多父母望子成龙，总想着自己的孩子“出人头地”。因此，他们要求自己的孩子什么都好，什么都比别人的孩子强，对孩子表现出来的一些优点熟视无睹，对孩子的缺点却是不依不饶。比如，孩子回答问题时，对孩子答对的部分不在意，而对答错的部分则非常敏感，甚至对孩子进行责骂。

案例分享

菲菲是个聪明且调皮的男孩，经常会出现许多“小问题”，制造诸多“麻烦”。

这一天，妈妈刚刚回家，听到爸爸正在生气地指责菲菲：“没收拾好自己的物品，就跑出去玩！说你多少次了，你怎么老是爱摆个烂摊子啊？”

说到气头上，爸爸又开始批评菲菲的其他诸多毛病，如粗心、脾气不好、贪吃等。

妈妈瞧瞧菲菲，正满不在乎地嘟着嘴，满脸的不服气和不情愿。为了缓和僵局，妈妈若有所思地说道："菲菲身上是存在缺点，我想他自己知道那样做不对。每个人都有缺点的，可每个人身上也是有优点的啊！"

爸爸领会了妈妈的意思，定神后说："是啊，有缺点不要紧，只要改正就好。其实菲菲身上有许多优点，比如很爱劳动，喜欢主动帮助朋友。"

妈妈接着说："还有呢，做事情很认真，学本领很快呢。"

菲菲本来以为妈妈也会批评自己，谁知竟然夸奖自己。他被爸爸妈妈夸得都有些不好意思了。

最后妈妈说："菲菲有这么多优点我们也很为你骄傲，如果能将自己的缺点改掉变成优点，那么菲菲会是个了不起的人，大家会对你另眼相看的。"

听了妈妈的一席话，菲菲轻轻点点头，一副若有所思的样子。从此之后，菲菲的很多毛病果然都改掉了。

这个真实的案例说明：孩子对赏识的渴望就像人对阳光和氧气的需要一样强烈。小孩子认不清自己，需要靠成年人的表扬来认识自我、增强自信。

所以，父母应该善于发现孩子的优点，让孩子在自信中成长。充分发挥正面、有效的教育方法的作用。面对孩子，竭力发现和放大他们的优点、闪光点，并进行真心的赞扬，引导其改掉不良行为，使孩子建立自信，迈向成功。

美国成功教育学家拿破仑·希尔曾经说过："每个孩子都有许多优点，而父母恰恰相反，他们总是盯着孩子的缺点，认为督促孩子改正缺点，才能让孩子更好地成长。其实，这样做就像蹩脚的工匠，是不可能造出完美瓷器的。"

每一个渐渐长大的孩子，如果父母爱他，他也会认为自己是可爱的。他会感觉到自己是天地间的宝贝，他的生命的存在就是一个大优点。假若父母打他，奚落他，那脆弱的生灵，就会被利剪截断双翅，从此萎靡不振，或许跌落尘埃一蹶不振。

教子有方

其实，所有父母都应善于发现孩子的优点，让孩子在自信中成长。面对"坏"孩子，更需要竭力去找他们身上的闪光点，哪怕是沙里淘金，哪怕闪光点微不足道，都需要出自真心地去赞扬、鼓励和引导。

很多父母也想赞赏和表扬孩子，但往往觉得找不到值得表扬的优点，所以，不妨试试下面的方法。

1. 用发展变化的眼光看待孩子

对孩子的看法不要一成不变，因为孩子时刻都在发生变化，只要细心观察孩子，就会发现孩子有进步的地方。可能孩子对问题的认识提高，分析问题能力增强；可能某方面科学文化知识增加；可能在一次作业或者一次考试中取得了进步；可能在劳动或公益活动方面表现较好；可能在文艺、体育方面取得了好成绩；可能有什么小发明、小制作等。

2. 看待孩子眼光要全面

不要只是盯着学习成绩一个方面。孩子的性格，孩子的文明礼貌，孩子的劳动表现，孩子的人际交往情况，孩子的文体才能，孩子的兴趣爱好，孩子的动手能力，孩子的卫生习惯等，当然还有孩子的学习情况，都是评价孩子的因素。父母考虑的面宽了，就不难找到值得表扬的内容。

即使对学习本身也应全面地去分析，不能只看分数。学习认真程度，预习复习情况，各门功课情况，写字是否工整，卷面是否干净，会不会使用工具书，愿不愿向老师请教，有没有自己检查作业的习惯等等，都应思考一下，也会找出优点。总之，父母不可对孩子“攻其一点，不及其余”。

3. 对待孩子出现的问题不能简单粗暴

孩子任何行为背后都是有原因的，看孩子的任何问题都应从尽可能多的角度去了解分析，避免以偏概全，笼统否定。

总之，父母需要用“放大镜”去观察孩子，当父母为孩子的缺点烦恼时，不妨静下心来，从头到尾，认真回味一下孩子身上至少不会令你烦恼的地方，你总会发现孩子身上的可爱之处。或许，孩子的一个小动作，或许一个微笑，都可能打动你的心。

父母心经

赞美是父母送给孩子的最好礼物，父母越是能够发现和放大孩子的优点，孩子就会具有更多的优点，就会变得更加优秀，越是训斥批评，孩子的毛病就越多。

所以，父母要善于发现并肯定和鼓励孩子的闪光点，同时也要为之提供良好环境。只要父母能够发现并及时加以鼓励和肯定，每一个孩子都是大有作为的。可以说，孩子的潜能是否能最大限度地得到发挥，关键在于父母的引导。

不妨多夸夸孩子

俗话说：“数子十过不如奖子一功”，“优秀的孩子都是夸出来的”。夸奖孩子、赞赏孩子、鼓励孩子，是家庭教育的一项重要艺术。孩子与成人一样，是喜欢被人夸奖称赞，不喜欢被人批评指责的。越是夸奖他，他就会做得越好。

案例分享

小飞非常聪明，可就是不爱学习，每次考试成绩都很差，班主任老师对他失去了信心，经常训斥他。后来换了一位班主任老师，她是优秀教师，得到很多同学的喜爱。期中考试时，小飞只得了54分，老师却给了他60分。然而，老师又佯装发动学生查自己的分数，看有没有把分数统计错。经过一番思想斗争，小飞终于举起了小手。老师表扬了他的诚实。然后，她对全班同学说："小飞这6分没有统计错，这是我暂时借给他的，我相信小飞期末考试时会把这6分还给我。"……从此，小飞的学习成绩不断提高。

一项研究表明，经常受到家长、老师夸奖和很少受到家长、老师夸奖的孩子，前者成才率比后者高5倍！

做父母的都是望子成龙，可"棍棒底下出秀才"那种传统的教育方式早应随着时间的推移而被废除了，对待孩子，我们要像对待朋友一样给予尊重。

许多家长都知道：如果今天夸孩子的手干净，第二天他的手会更干净；如果今天夸他的字比昨天写得好了，明天他的字准会写得更工整；如果今天夸他讲礼貌了，明天他也会更注重礼貌……孩子毕竟是孩子，在受到大人的夸奖时，他不仅心情愉悦，而且懂得了什么是对的，什么是错的，什么是大人提倡的，什么是大人反对的。这样，比家长直接对他说应该做什么、不应该做什么，效果要好得多。

教子有方

正确地夸奖孩子很重要，父母们要注意以下几点。

1. 夸奖孩子要实事求是，具体清晰

关于夸奖孩子，父母应注意要中肯、适度，不过分夸大，也不无端缩小；要有分析地夸奖，不能太笼统，让孩子清楚夸奖的是哪一点，为什么会得到夸奖。

2. 夸奖孩子要注意时间和场合

夸奖孩子时要注意时间、场合，根据孩子个性特点和年龄特点，宜及时讲的及时讲，宜阶段讲的阶段讲；宜当面表扬的当面表扬，宜采用暗示的就采用暗示，该向老师汇报的就告诉老师。

3. 夸奖孩子要考虑孩子的个性特点

对有骄傲情绪的孩子应适当降低表扬的频度，提高要求；对缺乏自信、有自卑感的孩子要通过肯定点滴进步培养孩子的自信；要讲究表扬的方式、方法，口头表扬，手势动作表扬，书信表扬，庆贺式表扬，物质鼓励，依孩子特点和该表扬内容而定。

父母心经

夸奖不仅能使孩子获得愉悦快乐的情感体验，还能帮助孩子获得自信心，激发他积极向上的情绪和愿望，而这种自信心和积极性，是培养求知欲和探索精神、形成良好的心理品质的重要动力。

叶圣陶说：教育的重点是“育”。孩子如幼苗，如花朵，成长的过程需要阳光的照耀、雨露的滋润，而不是风霜的侵袭。聪明的孩子是在爱、表扬与鼓励中长大的。所以，多夸夸孩子吧，那就是孩子的阳光和雨露。

肯定孩子的进步

案例分享

期末考试的成绩下来了，芳芳只考了第 20 名，而他的同桌考了第 1 名。回到家，他问妈妈：“我是不是比别人笨？我觉得我和同桌一样听老师的话，一样认真地做作业。可是，为什么我考第 20 名，而她考第 1 名？”

妈妈抚摸着芳芳的头，温柔地说：“你已经比以前进步了，以后会越来越好的。”

第二学期的期末考试，芳芳考了第 15 名，而他的同桌还是第 1 名。

芳芳还是想不通，又向妈妈问了同样的问题。妈妈还是说：“你比上学期又进步了，以后会越来越好的！”

芳芳小学毕业了，虽然他还是没有赶上他的同桌，但他的成绩一直在提高，已经进入前 10 名了。

暑假里，妈妈带着芳芳去看大海。母子俩坐在海滩上，看那些在海边争食的海鸟。他们发现，越是体型比较小的海鸟越能迅速地起飞；而那些体型比较大的鸟却显得非常笨拙，起飞很慢。这时，妈妈对芳芳说：“孩子，这些鸟虽然起飞慢，但是真正能飞越大海、横穿大洋的还是它们。”

初中的时候，芳芳的成绩已经名列前茅了。到了高中，他成了全校著名的尖子生，最后以全校第 1 名的成绩考入了哈佛大学。

这个故事是耐人寻味的。发现并赏识孩子的进步，不仅影响到孩子学习和做事的效果，而且还会影响到孩子学习和做事的态度。

教子有方

孩子在学习或者生活中总会有一些让父母不满意的地方：成绩没有别人好、做事没有别人快、头脑没有别人聪明……但是，孩子一直都在进步，这才是最重要的。

孩子喜欢某一门课程，很多时候是因为放学回家后有人愿意了解他们在此方面的学习情况，并肯定他们的进步。有的孩子说："我喜欢音乐课，因为回家后可以唱歌给爸爸妈妈听，他们可喜欢听了。"也有的孩子说："我喜欢数学课，因为回家后算数学经常得到妈妈的赞扬。"如果我们对孩子的进步不听、不看、不肯定、不赞扬，孩子的学习积极性肯定会受到打击。

所以，父母要随时看到孩子的进步，尤其是在孩子表现不好或者成效不明显的时候，不要打击孩子的信心和积极性，而是应该善于发现孩子哪怕是一点点的进步，对孩子的表现给予宽容，对孩子的进步给予赏识，这将会让孩子建立或者重新建立做好事情的勇气和信心。

当孩子在学习和生活中取得进步，哪怕是很小的进步，作为父母，你都应该说："孩子，你比以前进步多了，继续努力，一定会越来越好的。"

当孩子做事的成效不明显时，不要打击孩子的积极性，要对他说："你每天都在进步，别着急，会好起来的！"

父母心经

肯定孩子的进步对于孩子的成长非常重要，它就像是早晨的阳光，洒进孩子的心田，让孩子的学习有了更昂扬向上的力量。父母一定不要吝啬自己的赞美，看到孩子的进步，一定要及时地夸奖孩子，需要注意的是，在肯定孩子的进步时，要多表扬孩子为此付出的努力。

孩子需要“被尊重”

只有感到被人尊重，孩子才可能学会自尊，并尊重别人，而自尊和尊重他人是孩子养成健康人格的前提。由于孩子还不成熟，自尊意识往往处于萌芽状态，特别容易受到伤害，一旦他们的自尊受到伤害，他们便会用诸多的“不听话”行为来进行对抗。

案例分享

一天老师对王女士说，暑期有一个国际海洋夏令营，给她儿子一次参与的机会。老师如此关照，学生父母能不千恩万谢吗？事情就这么定下来了，虽然儿子知道后反应平淡。不久，开始办理夏令营手续。6 天活动，交费 1600 元。在当时，王女士知道价格偏高，可还能去砍价吗？只能乖乖如数交钱。

谁知，儿子参加夏令营的事前培训之后，回家宣布：“这个夏令营是骗人的！6 天改 5 天，又没有多少海洋活动，我不去了！”“钱都交了，怎么能不去呢？””退钱呗，有什么了不起的！”儿子态度挺坚决。

这件事让王女士有些犯愁。学校给的机会，怎么好意思退？再说，多一天少一天有什么大区别？去了就会有收获嘛。这种理由在王女士心中上升的时候，另一种声音响了起来："要做孩子的法官，先当孩子的律师。"王女士突然意识到，儿子的想法是有道理的，而一味忍让的态度不应让孩子接受，为什么不就势给孩子一次机会呢？

王女士调整了一下心态，平静地说："去不去参加夏令营是你的权利。如果决定不去，你要负责向有关老师解释清楚，并办好退营的手续，行吗？"

稍有社会经验的人都明白，退营是一件挺麻烦的事，谁办夏令营愿意参加者退营呢？况且，这一次是区、校两级参与，又已经到了出发前的培训阶段。不料，儿子却毫不犹豫，一口答应下来。第二天，儿子办妥了全部退营手续，1600 元钱如数交回。

其实，很多时候，父母将成人间的那种处理问题的技巧和方法以及宽容的态度用到孩子身上，就很让孩子感动了。但很多时候，父母对孩子没有尊重的意识。孩子在被责备后，大多不知道如何捍卫自己的权利。懦弱的孩子对父母的决定和误判只能承受，而勇敢的孩子就会起来反抗。

教子有方

孩子对自己的权利的捍卫意识在幼年时期处于萌芽状态，父母肩负着唤醒孩子权利意识的任务，一定要尊重孩子的权利，并且应指导孩子

“这是你的权利”“你可以决定这件事情”等。这样一来，孩子就会感觉到自己的权利、意见等受到父母的重视和尊重，从而增强自己的独立自主能力，从而更好地捍卫自己的权利。

让孩子感受到被尊重，父母要做到以下几点。

1. 平等地对待孩子

父母要平等对待每一个孩子。不管他是怎样的孩子，父母都应该以一颗爱心去宽容和接纳他。不要歧视孩子，以防给孩子的心灵带来伤害。

2. 给孩子自主的机会

尊重孩子的每一个选择，给孩子自主决定的机会。尊重孩子的权利，就是要征得孩子的同意，让孩子有选择的机会并且在尊重孩子的基础上给予引导，这也是父母应为孩子负起的一个责任。

3. 尊重孩子的人格

作为父母一定要尊重孩子的人格，不要把孩子当成自己的私有财产。维护孩子的人格尊严是每个父母的责任。不论孩子大小，他们都是实实在在的一个人，这就是说父母要尊重孩子的人格，与孩子平等相处，保护孩子的自尊心，用欣赏的眼光、鼓励性的话语去真诚而积极地评价孩子。

4. 尊重孩子的隐私

父母不要总希望控制孩子的一举一动，要真正了解孩子，必须首先给孩子尊重。父母进入孩子房间应该先敲门，移动或用孩子的东西应该得到他的允许，任何牵涉到孩子的决定应该先和他商谈，不能随意翻看孩子的日记，应该尊重孩子的权利，把他当作一个成人一样尊重。

父母心经

孩子是独立的个体，有自己的思想和意识，作为父母，要充分地尊重孩子，不能以父母的权威去打压孩子。尊重对于孩子的改变力量是巨大的，不仅可以逐渐纠正孩子的逆反心理，而且还有助于培养孩子的独立性和创造性，所以，父母要善于运用“尊重”的力量去塑造孩子。

善于发现孩子的“闪光点”

父母要善于发现并肯定和鼓励孩子的闪光点，同时也要为之提供良好环境。只要父母能够发现并及时加以鼓励和肯定，每一个孩子都是大有作为的。可以说，孩子的潜能是否能最大限度地得到发挥，关键在于父母的引导。

案例分享

今年 6 岁的毛毛性格有些内向，常被其他孩子冷落。因此他不太喜欢出门，闲下来时就给家里的小狗洗澡、梳理皮毛，把学习和生活中发生的事编成故事说给它听。

毛毛的父母担心孩子将来不能与人和谐相处，但转念一想，光着急也没用，还不如引导孩子把说给小狗听的故事记录下来。毛毛妈妈鼓励毛毛，把记下的故事投到孩子杂志，竟然有几篇发表了，让毛毛感到了成功与快乐。不少孩子也开始要求毛毛讲故事给他们听，时间长了，毛毛性格逐渐变得开朗起来。

毛毛还很有环保意识，常把小区里的果皮、纸屑捡起来放进垃圾箱，年前还被小区管理处评为“环保小卫士”。其原因是爸爸妈妈对孩子环保方面的肯定和表扬，每当毛毛拿回“环保小卫士”的奖状时，他们都会兴高采烈地给予夸奖。

毛毛还非常有爱心，他经常把摔倒的孩子从地上扶起来，帮粗心的阿姨找到丢在角落里的钥匙，看到毛毛帮助人的时候，爸爸、妈妈总会充满喜悦地赞扬孩子：“毛毛真懂事，这么小就知道帮助别人，将来长大了一定了不起!”

在父母的赞扬声中，毛毛一天天懂事了。

从上面的案例可知：尊重和爱是孩子的基本心理需要，由衷地欣赏、赞美孩子，需要父母学会从多个角度发现孩子的闪光点，用发自内心的喜悦感染、打动孩子，使其保持健康积极的心理状态。

教子有方

孩子的闪光点是方方面面的，有的孩子对音乐有天生的兴趣，如果孩子对音乐节奏十分敏感，对音乐十分入迷，那么这个孩子可能有音乐天赋，父母应该提供更多的“音乐奖励”，孩子一表现出这方面的兴趣，父母就应该用各种方式进行“奖励”。

有的孩子对颜色有很大的兴趣，并且经常在地上、墙上涂画各种东西，那么这个孩子可能有绘画的天赋，父母就应该为他购买画笔、颜料和纸，鼓励孩子培养画画的兴趣，还应该及时带他去观察大自然的风光，开阔孩子的视野。这些都是对孩子闪光点的发现，对于开发孩子的天赋十分有益。

所以，在生活中，父母要发现和肯定孩子的和闪光点，不妨从以下方面入手。

1. 不抓住孩子的过错不放，及时赞扬孩子的优点

父母发自内心的赞扬是引导孩子一步步走向真、善、美的动力。父母如果老盯住孩子的过错不放，就会心生焦虑，对孩子的教育缺乏耐心与信心，会导致孩子往消极的方向发展。父母在纠正孩子捣乱等错误行为的同时，用心发现他身上的优点，细心捕捉他的每一点进步，及时加以肯定和鼓励。孩子会逐步改掉不良习惯，强化优秀的品质。

2. 抓住时机多鼓励孩子

每一个孩子都具有天生向上的本能和把事情做好的自信。当孩子遇到挫折时，父母应该做的是给予孩子自信；当孩子的成绩跌入低谷时，你只需要告诉孩子一句话：你不比别人差，别人能做到的事情你也能做到。这种发自内心的理解和鼓励，会使孩子正视和迎接困难，孩子也因此有了精神的支柱和情感的依靠。

比如，孩子得了“优”，父母自然要夸他一番，更增加了他的信心。得“良”“中”，肯定也是必要的，可以找找差距，但重要的依旧是夸。即使孩子成绩很差，也要善于鼓励，不要让孩子产生沮丧之感，多帮孩子找一找原因，关键是要找出孩子闪之处给予夸奖。在这种时候，千万不能让孩子失去信心。

3. 在孩子的“错误”中发现孩子的闪光点

在工作和生活中，成人因为期望得到别人的尊重与肯定，偶尔也会犯些连自己都难以置信的错误，小小年纪的孩子又怎么能够避免呢？发生这样的事情时，父母一定要保持头脑冷静，客观分析孩子这样做的深层原因。如果孩子是为了获得尊重和肯定而犯的错误，至少有令人欣慰的地方：孩子想听表扬，想要上进。父母要肯定这一点，多找机会表扬孩子，满足他的心理需要，在此基础上引导孩子用正确的方式来获得肯定。

4. 学会欣赏孩子的与众不同

世界上没有两片完全相同的树叶，也不会有两个相同的孩子，每个孩子都有自身的特点。这些特点是孩子人格的一部分，简单的斥责和生硬的要求只能激起孩子的逆反心理，把他推向不健全人格的深渊。发现孩子具有负面的性格特点时，父母先要反省自己的教育方式，寻找孩子特殊性格中的积极因素，因势利导，帮助孩子一步步走出狭隘的天地，在人际交往和社会生活中找到更多的乐趣，逐渐成为一个优秀的孩子。

父母心经

孩子一出生就在学习，逐渐形成了自己的长处和短处，父母要尽量为孩子创造一种能发挥才能的良好环境，并尽己所能地走进孩子的精神世界，在孩子需要帮助时恰当地教诲、指点、鼓励或奖励，让孩子充分地尝试成功或失败的滋味，在尝试中体验战胜困难或把事情做得更漂亮的快乐，刺激孩子自信心的增强。

孩子在表现优秀的时候，最期望听到父母的鼓励与肯定。积极的正面肯定，才能使孩子感受到父母发自内心的爱和喜悦，给孩子带来愉快的心理感受，强化孩子正面的表现，促使孩子努力做得更加完美。

要“用心”去赞赏

适当的夸奖对幼小的孩子而言就像禾苗遇到阳光，得到的是光明、温暖和成长的希望。但我们也应该看到夸奖作为教育孩子的一种手段，在父母的广泛运用中存在一些不当的问题，并且造成了越来越多的不良后果。

案例分享

小美画了一幅《我家的房子》，兴冲冲地举着画让妈妈评价。小美妈妈像大多数家长那样夸奖说：“真漂亮！你画得好极了。”这样的夸奖似乎很自然，好像没什么错。但是仔细想来，如果你总是这样夸奖孩子，她会觉得不过如此，今后不再相信你的评价，或者认为画画是很简单的事情，一旦遇到问题反倒对自己的能力产生怀疑。

其实，如果你换一种方式，说：“你一定动了脑筋，有了灵感，才画出了这么美的颜色和线条。快告诉我你是怎么想的，这里为什么要画成圆形，为什么要选翠绿的颜色？”孩子会很乐意回答你提的问题，给你讲她画画的过程。

采用这种方式是重本质的表现，是在评论孩子为画画所付出的努力，而不是单纯地对事情的结果做出好与坏的判断。重本质的夸奖能够激励孩子的积极行动，如同给他们增加了继续画画的动力。

教子有方

用心地赞赏孩子，要注意以下几方面的内容。

1. 赞赏孩子努力的过程

赞赏孩子时，针对孩子完成任务的过程所做出的努力和运用的智慧来夸奖，常说："你真努力！""你的方法很好！"这种夸奖方式起到的效果最好。因为，孩子常常听到父母这样的夸奖后，不会感到有压力，既不会因为一个小的成功而沾沾自喜，也不会碰到一次失败就灰心丧气。他们能够正确面对失败和错误，不论遇到什么样的困难任务都会加倍努力坚持到底，试着用各种方法和窍门去攻克难关、完成任务。他们把心思放在提高自己的技能上面，并不在乎自己在别人心中的形象如何。

2. 赞赏孩子的特质

针对孩子的个人特质进行夸奖，常说："你真棒！""你真聪明！"这种夸奖方式对孩子起到的效果最差。因为，常受到父母用个人取向方式夸奖的孩子，遇到新的任务时，更愿意挑选那些能使自己成功的任务，以换取再次的夸奖，想永远当大人眼中的聪明宝宝。他们害怕失败，也总是逃避有困难的任务，实在躲不开的话，他们多数会放弃努力，甩手不干了。

3. 赞赏孩子努力完成的结果

针对孩子完成任务的结果去夸奖，常说："你做对了!""你干得很棒!"这种夸奖方式起到的效果比第二种的夸奖方法效果要差一些。因为父母仅就孩子某次行为成功的结果去夸奖，使他们觉得好的结果是最重要的，认为"如果下次我失败了，我就是愚笨的"。因此，当他遇到失败时，就会变得沮丧、自我价值感降低，自信心和抗挫折能力减弱。

父母心经

父母赞赏孩子应该多采用过程取向的方式，引导孩子关注完成任务的过程，肯定他们努力完成任务而开动脑筋所付出一些辛劳和技能。然而我们现在的许多家长尤其是妈妈，总是对自己的独生子女赞不绝口，时常把"你太棒了""你真聪明""你真是个好孩子"的话挂在嘴边，希望能夸出个好孩子来，实际的效果却并不尽如人意。

多赞赏孩子的努力

案例分享

小鹏小的时候学东西比别的孩子慢半拍，为此，他的父母非常苦恼。小鹏上小学了，就当父母都认为小鹏不会取得什么好成绩的时候，小鹏却带回了一张100分的试卷。这是一张数学测验的试卷，上面被老师画满了红色的勾勾。

“这是你的卷子吗?”爸爸吃惊地问小鹏。

“当然是我的，上面有我的名字啊!”小鹏自豪地对爸爸说。

“小鹏真不错，告诉妈妈，你是怎么考出这么好的成绩的?”妈妈问道。

“老师讲课的时候我经常听不太懂，所以下课之后同学们都出去玩，我就把不懂的地方拿去问老师，老师再给我讲一遍，我就全懂了！做作业的时候如果有不会做的题，我就把老师讲的课再复习一遍，不会做的题也就会做了。所以考试的那些题目我都会做，就考了100分。”小鹏高兴地对妈妈说。

听了小鹏的话，妈妈的眼圈一下子红了：虽然自己的孩子算不上聪明，却如此好学和努力。

“小鹏真努力，是我们的好孩子!”妈妈含着泪说。

有一位老师曾经这样表达他的观点：在一个学校或者班级，通常有两种学生是最受老师喜爱的：一种是非常聪明又非常努力，从来都不因为自己的聪明而骄傲自满的；另一种是不算聪明却非常努力，从来都不为自己的不聪明而自卑的。由此可见，努力的孩子到哪里都是受欢迎的。

在人生的旅程中，聪明的人，常常在最后变笨了；而笨的人，却常常在最后变聪明了。遇到寒冷酷热，聪明的人逃开了；笨的人亲身尝试，却意外地在寒冷酷热中成长。笨的人逐渐认识到："努力不一定会成功，但成功却永远需要努力。"孩子的容貌也是如此，长得怎么样不能决定孩子以后生活得怎样。大多数情况下，努力才是决定孩子今后生存状态的重要因素。

教子有方

聪明是一种个人资源，从大人到孩子，人们都会为自己拥有这一资源而自信和自豪。所以，孩子都愿意别人夸他聪明，甚至有很多孩子为了得到聪明的"头衔"，常常在同伴面前装作不怎么努力的样子，但回到家里却拼命地学，以此保证好的成绩。这样一来，很多孩子都形成一种错觉，以为聪明就是一学就会，样样都会，不需要努力就能取得成绩，所以争相效仿，导致很多孩子都不努力学习。

那些经常被称赞聪明的孩子，往往把分数看成自己的聪明所得，把分数高低看得比什么都重要，一遇挫折就容易灰心，且不愿意也不敢接受新的挑战；而那些被夸奖努力的孩子，则更愿意做出新的大胆尝试，会尽自己最大努力把事情做好。所以，家长若想激励孩子在学习上取得更好的成绩，最好的办法不是赞扬他们聪明，而是鼓励他们刻苦努力。

作为父母，应该赏识孩子的勤奋和努力，对他们的努力给予最热情的支持和鼓励。不要因为自己孩子的不聪明而气馁，而应该为孩子的不努力而担心。要始终记住一句话："所谓天才，是百分之一的聪明加百分之九十九的勤奋！"很多情况下，父母应该故意淡忘孩子的聪明，而重视孩子的努力，并把这种理念传递给孩子，让他们感觉到只有努力才能获得父母的认可和夸奖，进而逐步明白一个道理：聪明往往只能决定一时的成败，而努力则决定了一世的命运。

父母心经

在日常生活中，父母要注意，当孩子在学习或其他方面取得优异成绩时，不要把这个成绩归功于孩子的先天优势，而是把关注点集中在孩子的后天努力上。应该告诉他："成绩真不错，这都是你努力学习的结果！"比如，当孩子通过自己的努力做好了一件事情的时候，父母应该这样赞扬他："真是个努力的好孩子！"